Challenges & Innovation

the Construction & Management of Zhuhai Link Road
of Hong Kong-Zhuhai-Macao Bridge

挑战与创新

——港珠澳大桥珠海连接线工程建设管理

王啟铜　主编

人民交通出版社股份有限公司
China Communications Press Co.,Ltd.

内 容 提 要

本书从工程管理方面系统地总结了港珠澳大桥珠海连接线项目的建设管理过程，主要包括工程概述、前期基建程序管理、勘察设计管理、计划合同及投资管理、征地拆迁管理、施工安全管理、质量管理、进度管理、技术科研管理、党风廉政建设及企业文化建设共11个章节。全书内容丰富、资料详实、重点突出，着重总结了项目工程建设过程的管理与创新经验。

本书可供城市高风险工程、重难点工程和相关工程的业主、设计、科研、施工、监理等有关人员学习借鉴，也可供高等院校工程管理专业师生阅读参考。

图书在版编目（CIP）数据

挑战与创新：港珠澳大桥珠海连接线工程建设管理 / 王啟铜主编 .—北京：人民交通出版社股份有限公司，2018.8

ISBN 978-7-114-14934-4

Ⅰ.①挑… Ⅱ.①王… Ⅲ.①跨海峡桥—桥梁工程—工程项目管理—广东 Ⅳ.①U448.19

中国版本图书馆CIP数据核字（2018）第176741号

书　　名：挑战与创新——港珠澳大桥珠海连接线工程建设管理
著 作 者：王啟铜
责任编辑：王　丹
责任校对：刘　芹
责任印制：张　凯
出版发行：人民交通出版社股份有限公司
地　　址：（100011）北京市朝阳区安定门外外馆斜街3号
网　　址：http：//www.ccpress.com.cn
销售电话：（010）59757973
总 经 销：人民交通出版社股份有限公司发行部
经　　销：各地新华书店
印　　刷：中国电影出版社印刷厂
开　　本：787×1092　1/16
印　　张：10.5
字　　数：167千
版　　次：2018年8月　第1版
印　　次：2018年8月　第1次印刷
书　　号：ISBN 978-7-114-14934-4
定　　价：120.00元

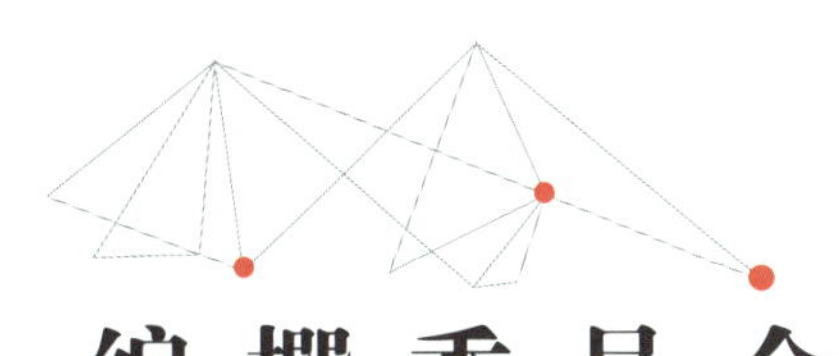

编撰委员会

主　　编：王啟铜

副 主 编：陈　文　蔡佳欣　周先平　刘志刚　李　剑

委　　员：杨福林　赖洪江　王拥军　封文卓　房此嫣
陈振河

编写人员：亓花萍　熊昊翔　吴文灿　任　辉　谢慧云
钟宇骋　洪琳萍　李　雁　谢梦罗　许晴爽
肖建卿

前言

Preface

珠江三角洲地区是我国改革开放的先行地区和重要的经济中心区域，依托毗邻港澳的区位优势，在全国经济社会发展和改革开放大局中具有突出的带动作用和举足轻重的战略地位。受制于交通环境等因素，珠江西岸经济发展一直滞后于东岸。港珠澳大桥珠海连接线项目是为满足港澳与内地之间的陆路客货运输要求，建立连接珠江东西两岸大珠江三角洲地区、辐射泛珠江三角洲地区的全新陆路运输通道；是连接港珠澳大桥海中桥隧主体与国家高速公路网的关键工程。

项目建成通车后，可极大方便港澳居民进出内地，为内地居民往返港澳新增一条便捷高速通道。对全面加强粤港澳合作，加快推进三地融合和开发步伐，创新构建“一国两制”模式下粤港澳紧密协作新模式，打造珠江口西岸国际都市群有着深远意义。

2009年5月26日，项目成立建设管理机构，标志着项目建设正式步入快车道。2009年11月4日，项目工程可行性研究获国务院批准。2012年6月15日，项目初步设计获得交通运输部批准。2012年7月31日，项目控制性工程拱北隧道正式开工建设。面对技术难度大、风险控制要求高、协调及征拆难度大、环保景观要求高及政治影响大等困难，项目管理中心依托多名院士组成的技术专家委员会，与参建各单位一道，组织技术攻关，积极转化科研成果，顶酷暑、战台风，攻克一个又一个行业难关，填补一项又一项技术空白，始终坚持“品质工程”“精品工程”的管理理念，完成了一项高标准、高质量的世纪工程。

港珠澳大桥珠海连接线建设历时近九载，参建人员逾万人。其建设理念、管理模式、技术方案比选、设备选型及配套等均有创新。可以想见，随着新时代中国特色社会主义建设事业的深入发展及“一带一路”倡议的大力推进，我国将继续建设更多、更大、更复杂的重点工程、世纪工程。项目在攻克长距离曲线管幕冻结法双层暗挖隧道技术难题、首创应用征地拆迁“总包干”模式解决中心城区征地拆迁问题、工程建设全过程廉政监察驻点确保“双廉双优”等方面的建设管理经验，经总结、提炼后可作为今后类似工程的参考，这正是编写本书的目的和意义所在。

编写情况：第一章由刘志刚负责；第二、四章由蔡佳欣负责，赖洪江协助；第三、七、九章由杨福林负责，吴文灿、任辉、洪琳萍协助；第五章由谢慧云负责，钟宇骋协助；第六章由陈振河负责，李雁、谢梦罗协助；第八章由熊昊翔负责，许晴爽、肖建卿协助；第十、十一章由陈文负责，亓花萍协助。

在此对参与港珠澳大桥珠海连接线项目的规划、设计、监理、施工、管理、科研人员及专家技术团队，对关心、支持项目建设的社会各界人士表示诚挚的谢意！

港珠澳大桥珠海连接线管理中心
2018 年 8 月

目录

Contents

第 1 章
概　述

1.1　项目概况

港珠澳大桥珠海连接线是港珠澳大桥的重要组成部分，是为满足香港、澳门与内地（特别是珠江西岸地区）之间的陆路运输要求，建立连接珠江东西两岸大珠江三角洲地区、辐射泛珠江三角洲地区的全新陆路运输通道；是连接港珠澳大桥海中桥隧主体工程、完善国家高速公路网“珠江三角洲地区环线”和广东省高速公路网“珠江三角洲外环高速公路”的关键工程（图 1.1–1）。

图 1.1–1　珠海连接线宣传视频

图 1.1–2　珠海连接线项目线位图

项目的建设，对完善国家高速公路网及粤港澳三地综合运输体系和高速公路网络，密切珠江西岸地区与港澳地区的经济、社会联系，改善珠江西岸地区的投资环境，提升珠江三角洲的综合竞争力，保持港澳地区持续繁荣稳定，促进珠江两岸经济社会协调发展具有重大意义；对于建设粤港澳大湾区，打造珠三角世界级城市群具有十分重要的意义。

路线总体呈东西走向（图 1.1–2），起自珠澳口岸人工岛，向西设起点连接匝道、拱北湾大桥连接珠海连接线人工岛；采用隧道方式穿越拱北湾海域并下穿拱北口岸；经茂盛围军事管理区后，设前山河特大桥跨越前山河；经中富工业园区上跨南湾大道后，设加林山隧道穿越将军山；后以高架桥形式继续西行至本项目终点洪湾，通过广东西部沿海高速公路接入国家高速公路网。路线全长 13.43km，采用双向六车道高速公路标准，设计速度 80km/h。主线隧道长 6204m/2 座，桥梁长 5973m/3 座，设人工岛 1 处，南湾互通、横琴北互通、洪湾互通 3 处互通立交和口岸人工岛连接匝道 1 处。

珠海连接线为非经营性高速公路项目，采用政府投资、收费还贷模式，批复概算为 91.5 亿元。项目控制性工程拱北隧道于 2012 年 7 月开工建设，全线于 2017 年 12 月底完成交工验收并具备通车条件。其中，南湾互通至项目终点洪湾互通段于 2016 年提前建成通车。

1.2 项目特点

本项目里程虽短，但特点鲜明，是目前行业内技术含量较高、挑战性极大的公路工程建设项目之一。其主要特点如下。

1.2.1 技术难度大

项目桥隧比高达93.8%。关键控制性工程拱北隧道由海底隧道和城市地下隧道组成，口岸暗挖段采用255m曲线管幕+冻结法施工，是世界上首座采用该工法施作的双层公路隧道，其管幕长度和冻结规模均创造了业内新的纪录（图1.2-1）。前山河特大桥主桥采用新型、大跨、宽幅波形钢腹板预应力混凝土连续梁桥方案，主桥跨径为90m+160m+90m，其主跨跨度在同类型桥梁中居世界前列（图1.2-2）。

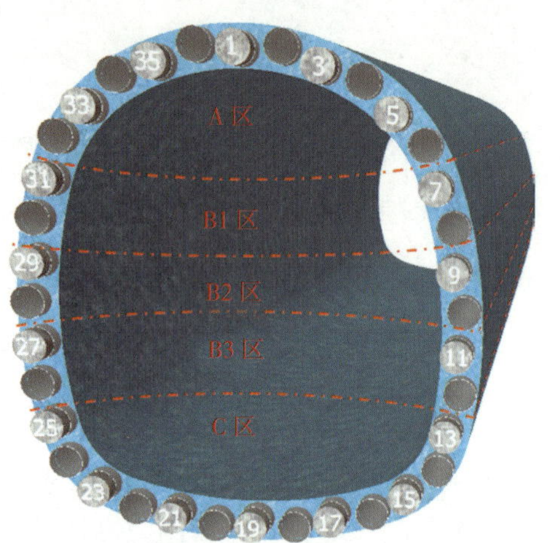

图1.2-1　拱北隧道曲线管幕+冻结工法

图1.2-2　前山河特大桥波形钢腹板主桥

1.2.2 风险控制要求高

项目地处珠海市繁华区域，特别是需要下穿日均客流 30 万人次（高峰期超 40 万人次）、车流 7000 车次（高峰超 1 万车次）的全国第一大陆路口岸——拱北口岸，对技术风险、施工风险以及安全风险的控制均提出了极高的要求（图 1.2-3）。

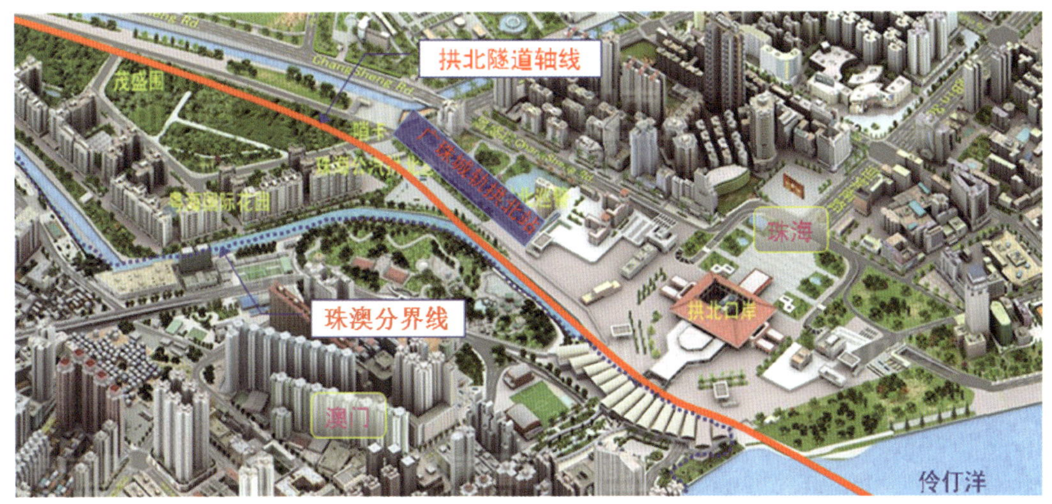

图 1.2-3　拱北隧道平面线位图

1.2.3 协调及征拆难度大

项目全部位于珠海市城区范围内，施工涉及地方近三十个部门（单位）以及边检、海关、检验检疫、边防等多个中央垂直管理单位（图 1.2-4）。加之沿线需拆迁房屋及管线密集，协调工作量巨大，拆迁难度极大（图 1.2-5）。

图 1.2-4　拱北口岸联检单位众多

图 1.2-5　项目穿越多个城中村

1.2.4 环保景观要求高

项目位于繁华城区，紧邻澳门，沿线自然风光旖旎、人文景观秀美，且均位于环境敏感区，对景观设计以及施工过程的控制均高于常规高速公路项目（图 1.2-6、图 1.2-7）。

图 1.2-6 项目紧邻情侣路

图 1.2-7 项目线位行经竹仙洞水库

1.2.5 政治影响大

港珠澳大桥是国内外在建项目中具有较大政治影响的工程，珠海连接线作为其重要组成部分，穿越内地与澳门的边境区域，同样受到各界广泛关注。

1.3 组织机构

1.3.1 项目建设管理机构设置情况

2009 年 4 月 24 日，广东省交通运输厅确定珠海连接线项目按照政府还贷公路项目模式进行建设，并委托广东省交通集团有限公司负责代建代管。

2009 年 5 月 4 日，广东省交通集团有限公司委托广东省公路建设有限公司设立港珠澳大桥珠海连接线项目事业法人。

2009 年 5 月 26 日，广东省公路建设有限公司成立港珠澳大桥珠连接线项目管理处，后于 2010 年 9 月 14 日更名为港珠澳大桥珠海连接线管理中心，负责项目的投资建设和运营管理。2010 年 11 月 2 日，管理中心完成事业法人登记手续，设立港珠澳大桥珠海连接线管理中心事业法人。

2013 年 1 月 18 日，广东省政府为理顺交通投资和建设管理体制机制，出资成立广东省南粤交通投资建设有限公司，负责交通建设投融资和政府还贷高速公路投资建设经营及管理，珠海连接线项目按要求成建制移交给广东省南粤交通投资建设有限公司。

2017 年 10 月 9 日，广东省省属国企重组整合，以广东省交通集团有限公司为主体，重组广东省南粤交通投资建设有限公司等单位，出资人为广东省人民政府，由原来授权广东省交通运输厅履行出资人资格职责，调整为授权广东省交通集团有限公司履行出资人职责，重组后维持政府还贷高速公路项目性质不变，仍按照“收支两条线并保持既定的投资和债务偿还方式”。

港珠澳大桥珠海连接线管理中心组织架构如图 1.3–1 所示。

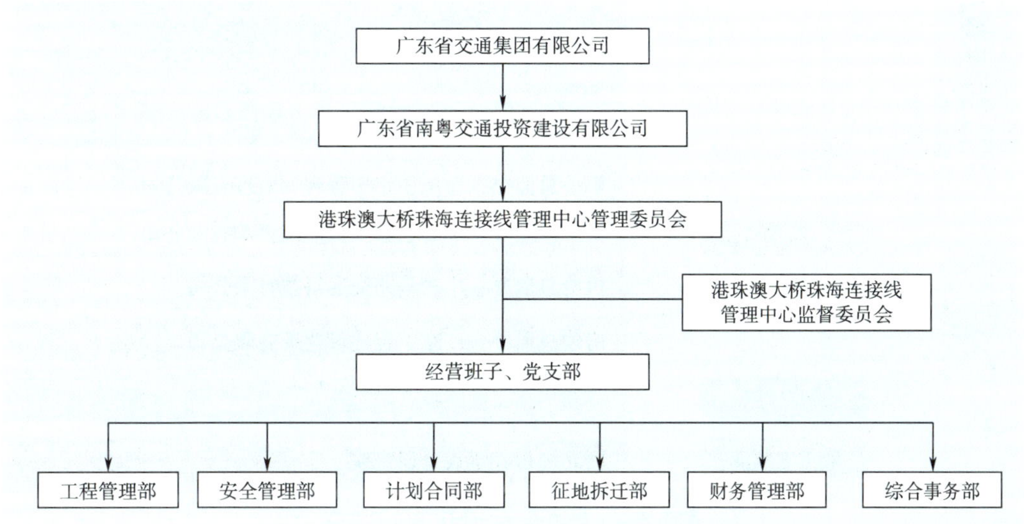

图 1.3–1 珠海连接线管理中心组织架构图

1.3.2 参建单位情况

项目设计单位主要有 4 家，分别为：中交第二公路勘察设计研究院有限公司（土建工程）；北京交科公路勘察设计研究院有限公司（交通工程）；中交第四航务工程设计院有限公司（人工岛工程），广东名都设计有限公司（房建工程）。

全线分为 3 个土建合同段、1 个路面合同段、1 个机电合同段、1 个交安合同段、1 个绿化合同段、1 个房建合同段，3 个总监办，1 个第三方试验检测中心。参建单位组成情况如图 1.3–2 所示。

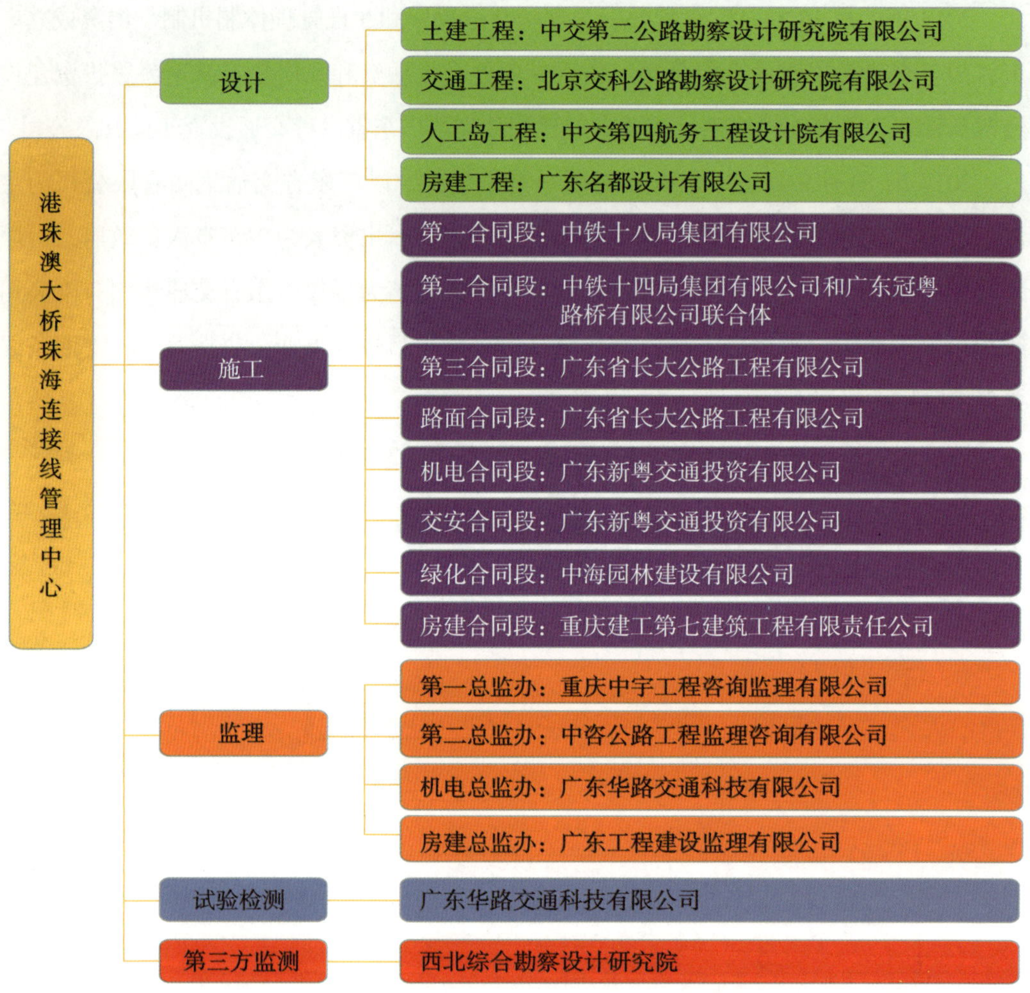

图 1.3-2　珠海连接线参建单位架构图

1.4　建设目标和理念

1.4.1　建设目标

（1）建设总体目标

优质耐久、安全环保、规范廉洁、求实创新。

（2）安全生产管理目标

以“平安工地”要求为指导，通过创建“零事故班组”和创新施工风险管理，开展安全文化建设，实现“安全生产零责任事故”目标，将珠海连接线建设成国内施工安全管理“优秀示范”项目。

（3）质量管理目标

把提高工程耐久性放在重要位置，消除质量隐患，杜绝重大质量事故；确保工程交工验收的质量评定合格且评分不低于 90 分，竣工验收优良且综合评分不低于 90 分；拱北隧道、前山河特大桥等工程争创中国工程质量最高奖“鲁班奖”或“詹天佑奖”。

（4）工期管理目标

确保与港珠澳大桥主体工程同步建成投入使用。

（5）投资控制目标

采取有效措施，控制成本，确保工程总投资控制在国家批复的概算内，并略结余。

（6）环保及文明施工管理目标

坚持环保设施与主体工程同步设计、同步施工、同步投入使用的“三同时”原则。在设计和施工中最大限度地保护生态环境，文明施工，不发生重大环保责任事故，使工程建设与周边环境和谐相处。

（7）创新目标

充分利用现代设计、施工新技术，系统工程集成技术，借鉴国内外先进经验，依托项目开展专题研究，探索复杂建设条件下的隧道、桥梁建造新技术，提高项目管理水平，出一批创新性科技成果，培养一批高素质人才。

（8）廉政建设目标

贯彻落实广东省纪委、监察厅《港珠澳大桥工程廉政建设实施方案》，打造“双廉双优”（工程廉政、干部廉洁；工程优质、干部优秀）项目，推动项目按期顺利完成，探索工程建设廉政护航新途径。

1.4.2　建设理念

（1）坚持“可持续发展”设计理念。坚持“六个坚持、六个树立”的公路勘察设计新理念，即坚持以人为本，树立安全至上的理念；坚持人与自然和谐相处，树立尊重自然、保护环境的理念；坚持可持续发展，树立节约能源的理念；坚持质量第一，树立让公众满意的理念；坚持合理选用标准，树立设计创新的理念；坚持系统论的思想，树立全寿命周期成本的理念。

（2）坚持“安全至上”理念。针对项目安全风险极高的实际情况，强化安全风险管理意识，加强安全风险的全过程管理及预案管理，并充分利用先进的仪器设备和信息化管理手段，建立风险管理体系，切实保障工程的建设安全。

（3）坚持“精品”理念。高起点谋划，高标准建设，高效率运行，强化精细化管理，形成“管理精细化到实施精细化再到工程精细化”环环相扣的管理链。注重基础、注重过程、注重细节、注重落实，抓好方案审查和落实，抓好精细化、标准化的落实。通过行之有效的管理，使精细化、标准化工作全员化、全方位化和全过程化，从而切实提高实体工程的质量。

（4）坚持“创新”理念。依托项目，勇于创新。在技术上，结合项目的难点，有针对性地开展隧道、桥梁关键技术研究，使设计方案、施工方案科学、合理、经济，为设计、施工保驾护航。注重方案咨询，注重专家咨询，注重新材料、新工法、新技术的应用。在管理上，针对项目管理要求高、工期紧、征拆难、融资难等特点，创新征地拆迁、融资、招标、工程管理新思路，服务好工程建设。

（5）坚持“和谐环保”理念。项目位于珠海市风光旖旎的情侣路沿线及繁华闹市区，毗邻澳门，须注重环境保护、注重海洋生物（如白海豚）保护，努力实现项目与自然、城市景观、人文环境协调一致。

1.5 工程建设大事记

2009 年 5 月 26 日　广东省公路建设有限公司成立项目管理机构；

2009 年 7 月 23 日　完成勘察设计招标，开始初步设计工作；

2009 年 7 月 25 日　项目管理处（筹）正式挂牌成立；

2009 年 11 月 4 日　项目工程可行性研究获国务院批准；

2011 年 3 月 26 日　项目初步设计预评审获得广东省交通运输厅批准；

2012 年 2 月 17 日　完成征地拆迁总包干合同商谈并正式签约；

2012 年 6 月 12 日　项目投资规模调整获得国家发展改革委批准；

2012 年 6 月 15 日　项目初步设计获得交通运输部批准；

2012 年 7 月 25 日　项目控制性工程施工许可获得交通运输部批准；

2012 年 7 月 31 日　项目控制性工程拱北隧道正式开工建设；

2013 年 6 月 8 日　拱北隧道暗挖段顶管试验管首发；

2013 年 9 月 6 日　项目全线施工许可获得交通运输部批准，实现全线实质开工；

2015 年 5 月 28 日　拱北隧道完成全部顶管施工；

2015 年 10 月 15 日　加林山隧道全线贯通；

2016 年 1 月 28 日　项目横琴北互通至终点洪湾互通段提前建成通车；

2016 年 6 月 28 日　拱北隧道暗挖段完成积极冻结并开始试开挖作业；

2016 年 9 月 9 日　前山河特大桥完成全桥合龙；项目南湾互通至横琴北互通段提前建成通车；

2016 年 12 月 28 日　拱北隧道暗挖段首层导洞贯通；

2017 年 4 月 10 日　拱北隧道暗挖段全部贯通；

2017 年 9 月 20 日　拱北隧道暗挖段三次衬砌完成；

2017 年 12 月 26 日　起点人工岛至南湾互通段完成交工验收，具备通车条件，项目全面建成。

1.6 回顾与展望

“十年磨一剑”。港珠澳大桥珠海连接线项目从 2009 年开始初步设计，到 2018 年建成通车，历经 10 个年头。在全体参建单位和建设者的共同努力下，圆满完成建设任务，各项生产经营指标均符合建设大纲要求，取得了一系列卓有成效的建设成果和成套管理经验。建设过程中，项目管理团队始终以“筚路蓝缕，以启山林”的开拓精神，带领广大建设者以“胼手胝足”的务实作风，以“如履薄冰”的心态，认真做好每一件事。回顾项目走过的历程，史无前例的投资规模调整、首创征地拆迁总包干模式、完备的基建程序管理、创新的长距离曲线管幕冻结工法……总体工期目标的顺利实现、建设过程的零安全质量责任事故、项目“双廉双优”等，每一步都来之不易，无一不凝聚了全体建设者的智慧和辛劳。

港珠澳大桥是“一国两制”构架下的世纪工程，代表着国家形象。珠海连接线作为港珠澳大桥的重要组成部分，其承载的历史使命尤为光荣和艰巨。尽管“瑕不掩瑜”，但项目建设过程中仍然存在一些不尽完美的地方，值得深层次思考，以期类似项目借鉴参考，比如非常规高风险项目的单价测算及合同管理、创新工艺工法的勘察设计监理及咨询论证、新形势下项目安全质量管理体系研究等。

第 2 章
前期基建程序管理

《中华人民共和国公路法》第二十二条规定“公路建设应当按照国家规定的基本建设程序和有关规定进行”。建设程序是对基本建设项目从酝酿、规划到建成投产所经历的整个过程中各项工作开展先后顺序的规定。它反映工程建设各个阶段之间的内在联系，是又好又快又省地完成建设任务、提高基本建设投资效果的保障。违背建设程序是造成工程质量事故和工程浪费的常见原因之一。珠海连接线项目高度重视各环节的建设程序，除严格履行工程可行性研究及各项专项评估评价工作审批外，结合项目实际着重完成了投资规模调整和施工许可办理工作。

2.1 工程可行性研究及专项评估评价

珠海连接线项目严格履行基本建设程序各环节的报批手续。工可、规划选址、环评、水土保持、用地预审等前期工作由港珠澳大桥前期工作协调小组办公室完成。管理中心接手项目后，相继开展了通航论证、海事安全、设计阶段风险评估、工程安全性评价、地震安全性评估、防洪评估、交通量深化调查研究以及环评报告修编等前期工作并获得了相关主管部门的批复意见。国家发展和改革委员会于 2009 年年底以发改基础〔2009〕2813 号文批复了港珠澳大桥工程可行性研究（包含珠海连接线）。

2.2 投资规模调整

珠海连接线投资估算约 43.7 亿元，由广东省按照政府还贷公路模式进行建设。其中，国家安排车购税资金 2.63 亿元，广东省安排财政性资金和中央转移支付的燃油税 12.67 亿元作为项目的资本金，共计 15.3 亿元，占投资估算的 35%；其余资金由广东省筹措解决。

因征地拆迁费用走高、材料价格上涨和拱北隧道、南湾互通、南湾至横琴北路线方案等工程技术方案调整，导致项目投资概算大幅超出工可批复估算。项目建设条件极其复杂，特别是拱北隧道所采用的曲线管幕 + 水平冻结的技术方案，业内无成熟经验可资借鉴。在投资规模较难确定的情况下，为确保项目资金筹措和项目建设的顺利推进，管理中心经过充分研究分析，评估利弊，决定在项目报批初步设计之前先行启动项目调整投资规模工作。管理中心组织专门力量对项目技术方案和施工工法进行充分研究和费用测算；现场调查和记录征拆类型、征拆数量和征拆单价，测算征拆费用。经过艰苦卓绝的现场摸排工作，在各有关部门和相关方高度重视及协调下，2011 年 3 月，广东省交通运输厅在北京组织召开了珠海连接线项目汇报会（图 2.2–1）。会议明确广东省按照调整的投资估算，研究提出资金筹措方案，编制项目投资调整报告，报国家发展和改革委员会。2012 年 6 月，国家发展和改革委员会办公厅以发改办基础〔2012〕1562 号文批复调整珠海连接线工程投资规模（图 2.2–2）。珠海连接线工程投资估算核定为 91.5 亿元，其中国家安排中央专项基金（车购税）12.3 亿元，广东省安排财政性资金 29.2 亿元，共计 41.5 亿元作为项目的资本金，约占总投资的 45.3%；其余 50 亿元资金利用国内银行贷款解决。实践证明，在项目建设之初及时进行合理调整投资规模工作，为项目的资金筹措、征拆工作、建设的顺利推进及 2017 年年底项目如期建成打下了坚实的基础。

图 2.2–1　港珠澳大桥珠海连接线项目汇报会

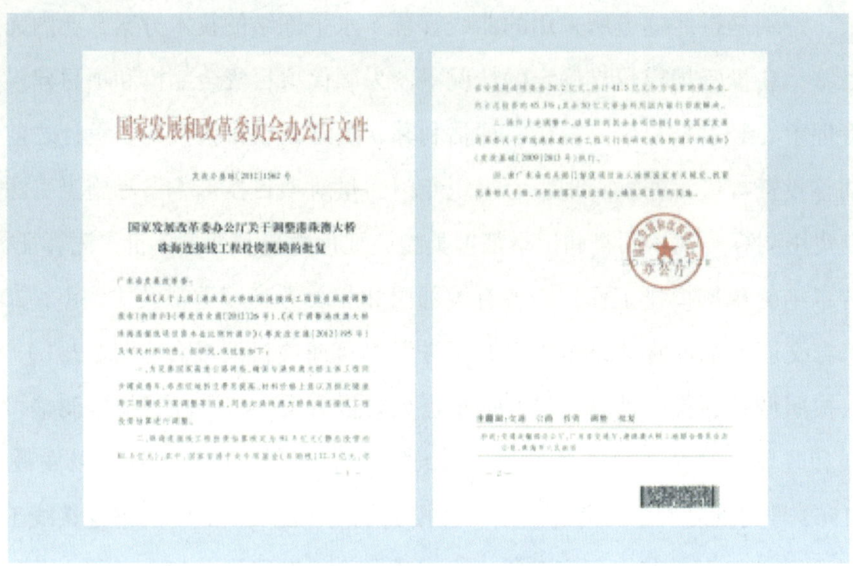
国家发展和改革委员会办公厅文件

国家发展改革委办公厅关于调整港珠澳大桥珠海连接线工程投资规模的批复

图 2.2-2　调整投资规模批复

2.3　施工许可

办理施工许可手续需提交施工图设计文件批复、交通主管部门对建设资金落实情况的审计意见、国土资源部门关于征地的批复或者控制性用地的批复、建设项目各合同段的施工单位和监理单位名单、合同价情况、应当报备的资格预审报告、招标文件和评标报告、已办理的质量监督手续材料、保证工程质量和安全措施的材料等。

管理中心高度重视基本建设程序的规范性，严格按照办理施工许可手续的要求，统筹做好项目前期工作，确保在开工前全部完成，并获得施工许可批复。因各种原因，许多建设项目往往在开工前无法获得国土资源部门关于征地的批复或者控制性用地的批复要件，导致开工前未能办妥施工许可。管理中心汲取以往项目的经验教训，积极主动与省、市国土资源管理部门和国土资源部沟通协调，加快用地报批进程，专人负责，专人跟进。在控制性工程开工前，获得了珠海市关于控制性工程用地的批复；在项目全面开工前，获得了国土资源部的用地批复。

在施工许可报批过程中，指派项目分管领导负责，专人跟进、协调和催请相关职能部门审查审批。控制性工程和全线工程施工许可均在开工前获得了交通运输部的批复（图 2.3–1、图 2.3–2），开工手续完全符合基本建设程序，成为为数不多的在项目开工前完成施工许可手续的建设项目之一。

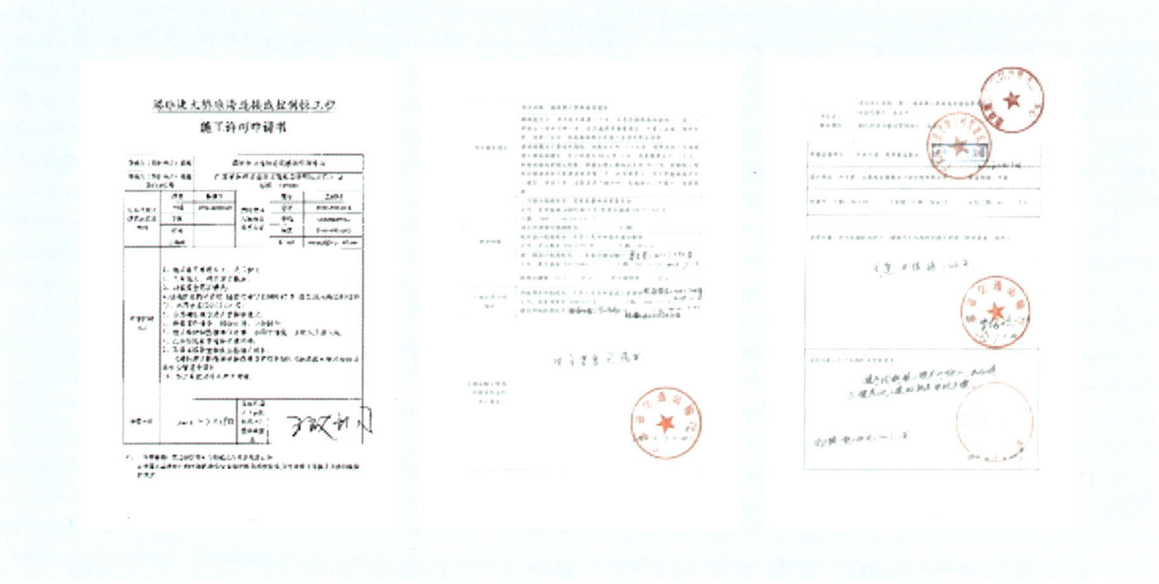

图 2.3–1　控制性工程施工许可

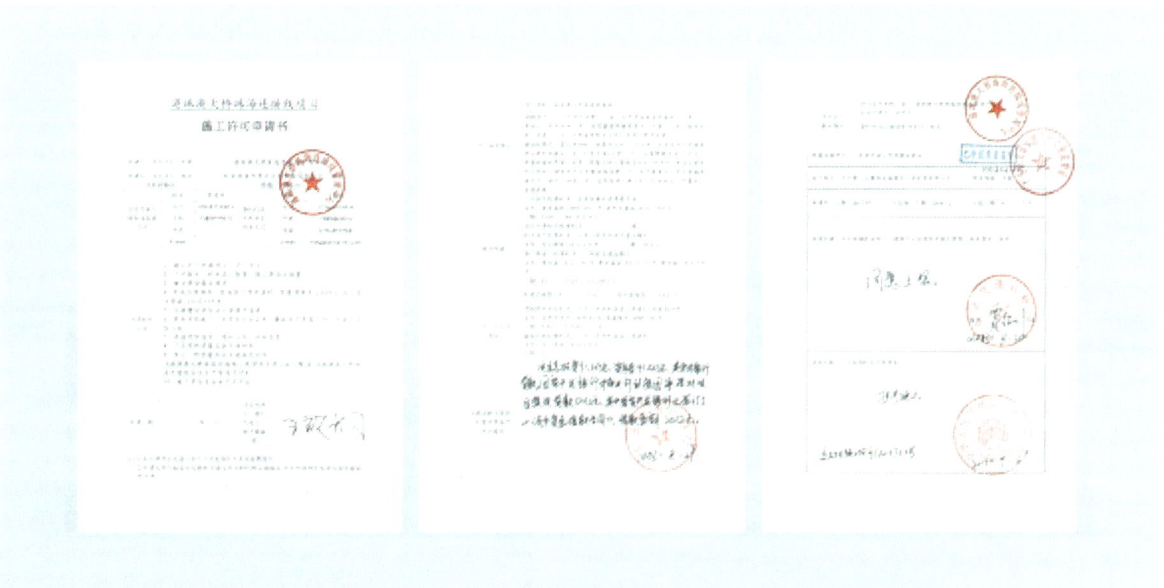

图 2.3–2　全线工程施工许可

第 3 章
勘察设计管理

3.1 设计基础资料

3.1.1 地形地貌

项目沿线走廊带可分为两个地貌单元：第一，侵蚀堆积地貌单元，主要包括陆缘浅海、河流、滨海冲积平原及三角洲台地等微地貌，其中区内较为广泛分布的为陆缘浅海和滨海冲积平原（图 3.1-1）；第二，构造剥蚀侵蚀丘陵地貌单元。

（1）侵蚀堆积地貌单元（Ⅰ）

区段内地形平坦，海拔高程 -3~5m 左右，主要为城区高楼大厦和地面建筑物所占据。周边为台地地貌，海拔高程 15~25m；高台地地貌，海拔高程 20~50m。其间有鸭涌河和前山水道两条主要河流。

该类型主要分布在 YK0+000~YK2+300；YK2+300~YK4+500 为边防口岸及城区部分；YK4+500~YK5+000 为前山水道；YK5+000~YK5+800 为南湾大道和南堡城乡居民区。另外，在南琴路围海填地路段及周边亦有分布。

a) 陆缘浅海微地貌

b) 滨海冲积平原微地貌

图 3.1-1 侵蚀堆积地貌

（2）构造剥蚀侵蚀丘陵地貌单元（Ⅱ）

该地貌类型区域主要为将军山，其山顶海拔高程在 500m 左右，周边海拔高程一般在 100~250m，为构造剥蚀侵蚀丘陵地貌区。其山形浑圆，山顶圆滑，山坡略凸，沟谷不甚发育，横断面多呈“U”形。地表植被发育，多以乔木为主，通行条件较为困难。岩性主要为燕山期二、三期的厚层块状中粒—粗粒花岗岩、斑状花岗岩、花岗闪长岩、黑云母斑状花岗岩和二长花岗岩等，拟建线路在区内多以隧道形式通过。

3.1.2 气象与水文

3.1.2.1 气象

项目位于珠江口外伶仃洋海域，属南亚热带海洋性季风气候，北靠亚洲大陆，南临热带海洋，气候温暖潮湿，受欧亚大陆和热带海洋的交替影响，线位选址区域天气气候复杂多变，灾害性天气频繁。

线位选址区域的灾害性天气主要有热带气旋、暴雨、龙卷风、雷击、短时雷雨大风，其中热带气旋带来的狂风、暴雨和风暴潮对工程有一定影响。据统计，1949~2003 年共 55 年间，在广东中部（阳江、惠东）一带沿海地区登陆的热带气旋有 101 个（其中达到台风量级的 49 个），年平均 1.84 个，其中 13 个年份达 3 个以上，最多的 1999 年达 6 个。热带气旋具有强度大、频率高、灾害重的特点，是对工程勘察设计、建设和营运最具威胁的自然灾害之一。

3.1.2.2 水文

线位选址区域潮汐类型属于不规则的半日潮混合潮型。该潮型呈现往复流运动形式，具有落潮流速大于涨潮流速、中部海域潮流流速大于两边流速的特点。伶仃洋海域还具有高潮位由外海向珠江口内逐渐增大，低潮位由外海向珠江口逐渐降低的特点。工程区潮汐特征值如表 3.1–1 所示。

根据统计资料，本工程高潮和低潮潮位如下：

300 年一遇高潮位：3.82m；100 年一遇高潮位：3.47m；极端高潮位（50 年一遇）：3.26m；极端低潮位（50 年一遇）：–1.44m；100 年一遇低潮位：–1.51m；300 年一遇低潮位：–1.63m。

表 3.1–1　潮汐特征值统计表

潮汐特征值	测　站		
	香港内伶仃	澳门	珠海
最高潮位（m）	1.74	3.52	2.51
最低潮位（m）	–0.87	–1.24	–1.28
平均高潮位（m）	1.10	1.05	1.05
平均低潮位（m）	–0.07	0.00	–0.20
最大潮差（m）	2.51	3.50	3.04
最小潮差（m）	0.13	0.02	0.11
平均潮差（m）	1.16	1.06	1.24
平均海平面（m）	0.44	0.54	0.48
资料期限	2004.6.11~2004.6.26	1925~2003	2003

注：表中潮位基准面采用 1985 国家高程基准。

3.1.3　工程地质条件

3.1.3.1　工程地质总体评价

线位选址区域覆盖层除部分人工填土及基岩残积层外，主要为珠江三角洲和滨海相沉积层。出露岩性主要为淤泥质土和砂、砂土及黏性土层为主的第四系松散堆积物，下伏为花岗岩及花岗闪长岩类分布区，不同岩性具有不同工程地质特征。其中：

（1）人工填土：城区主要为素填土，岩性为黄褐色砾质黏性土、粉砂质土和填筑土，厚 2~8m。郊区主要为全强花岗岩风化层和建筑弃土，其结构松散，抗压性低，工程地质条件较差，厚 5~10m。

（2）淤泥层：厚度大，分布广泛，且因本区受三次海侵均有不同程度的沉积，其总体含水率高，流塑为主，属高压缩性软土，是极易触变的不良土层，揭示层厚 1~24m。

（3）砂土层、中砂 ~ 砾砂及黏性土层：厚度变化大，松散至稍密，含水并具一定微承压性，不宜作持力层，一般厚 10~17m。

（4）残坡积土：由砂质黏性土、砾质黏性土组成，工程地质条件相对较好，厚度一般为 5~10m，最大揭示层厚近 20m。

（5）岩浆岩风化层（全、强风化层），一般厚约 3~20m，最大厚度大于 50m；中风化层主要为均质坚硬类岩石，工程地质条件稳定，但表面极易遭受风化，使性质发生改变，所以应加强对风化层的处理。

综上所述，珠海市区，海相、海陆交互相地层复杂，工程地质条件相对较差。而丘陵地区，工程地质条件则相对较好。

3.1.3.2　地下水

项目所在区域气候湿润，雨量充沛，降水时间长，对区域地下水的形成补给起了重要的作用。其主要赋存于软土层、砂层，其次为粗、砾砂，再次为黏性土或黏性土夹砂及更新统残积层等土层和基岩裂隙中。其中砂类土特别是相对松散的粗粒类砂土为强透水层，其次如淤泥或淤泥质土、一般性黏性土、残积土为相对弱透水层。

本地区的地下水对混凝土结构有微腐蚀性。在干湿交替环境下，对混凝土结构中的钢筋有强腐蚀性；在长期浸水条件下，对混凝土结构中的钢筋有弱腐蚀性。

3.1.4　周边环境

项目有别于普通高速公路项目的是，线路走向横穿繁华城区，人流、车流集中，周边环境极其复杂，尤其是拱北隧道施工区域及其周边均为珠海市重要道路及建（构）筑物。具体情况如表 3.1–2 所示。

表 3.1–2　周边环境统计表

道路及建（构）筑物	功　能	项目建设期使用情况
情侣路	景观道路	隧道施工组织采用将其作为海域明挖段施工车辆进出场地的通道
昌盛路	城市干道	隧道施工车辆需经由昌盛路进入施工场地
鸭涌河及国防公路	边境分界线	拱北隧道陆域明挖段约 360m 需在鸭涌河河床区域修建；施工组织采用珠海侧国防公路作为临时施工便道
边防五支队营楼	军事区域	拱北隧道明挖段需横穿五支队营地，距离五支队营楼最近处约 3.4m
拱北口岸限定区域建筑群	珠海与澳门的出入境通道	拱北隧道以暗挖方案东西向穿越拱北口岸
广珠轻轨拱北站	城际铁路车站	距拱北隧道最小距离不足 24m，珠海市规划建设地下两层大型交通换乘中心
粤海国际花园	居民小区（小高层）	最近一栋大楼距离拱北隧道约 30m

拱北口岸限定区域建筑群是项目的重点控制区域（图 3.1–2），具体情况如下：

拱北口岸为全国第一大陆路口岸，毗邻澳门，出入境人流、车流巨大。数据显示，澳门关闸新边检大楼 2004 年启用，项目开工前的 2011 年，每天出入境的人流总量约 25 万 ~30 万人 / 次，高峰期人流超过 40 万人 / 次；每天车流量 7000~8000 辆（次），高峰期超过 10000 辆（次）。

图 3.1–2　拱北口岸限定区域建筑分布

口岸限定区域主要建筑及其相关资料整理如表 3.1–3 所示。

表 3.1–3　口岸限定区域主要建筑及其相关资料

建（构）筑物名称	结构形式	基础形式	空间关系
澳门口岸联检大楼	多层梁柱框架结构	ϕ50 高强预应力混凝土管桩	隧道南侧
出境客货通道	单层梁柱结构	ϕ480 沉管灌注桩	隧道北侧
出入境风雨廊	单层梁柱结构、玻璃顶棚	混凝土地梁筏式基础	隧道上方
免税商场回廊	单层梁柱结构	ϕ600、ϕ480 沉管灌注桩	隧道北侧
免税商场地下通道	9 × 4.5m 钢筋混凝土框架结构	桩基	隧道北侧
入境 A 客货通道	钢筋混凝土梁柱、钢桁架顶棚结构	桩基	隧道北侧
拱北口岸一站式通道			隧道北侧

3.1.5 预计交通量

根据“港珠澳大桥珠海连接线交通量分析深化研究报告”提供的相关参数分析，珠海连接线年交通量增长相对平稳，但绝对增长量较大。道路开通后 5 年（2020 年）服务水平为一级；在 2030 年前，服务水平均在二级以上；到 2035 年，起点至南湾互通路段出现三级服务水平，其他路段保持在二级服务水平。

同时，从车型比例预测值可以看出，项目集装箱车、特大货车、小客车所占比重较大。在珠澳口岸人工岛至南湾互通段，小客车数量比例逐年增长，集装箱车比例略有下降，这与项目作为港珠澳大桥的一部分是相吻合的，反映了未来往来三地的车辆以集装箱货运车和商务、私家车等小车为主。南湾互通至横琴北互通、横琴北互通与洪湾互通的车型比例在各特征年的比例变化较小，这与此两部分路段作为过境高速和珠海市干道（不收取通行费）相吻合，小客车占比近 50%。

3.2 总体设计

3.2.1 技术标准

港珠澳大桥珠海连接线主线采用双向六车道高速公路标准，设计速度 80km/h、整体式路基宽度 32.0m，分离式路基宽度 16.0m。主要技术指标见表 3.2–1。

表 3.2–1 主要技术指标表

序 号	技术指标名称		单 位	规 范 值	采 用 值
1	公路等级			高速公路	高速公路
2	设计速度		km/h	80	80
3	停车视距		m	110	110
4	平面线形	一般最小半径	m	400	890
		不设超高最小半径	m	2500	2500
	纵断面线形	最大纵坡	%	5	3
		凸形一般最小竖曲线半径	m	4500	12000
		凹形一般最小竖曲线半径	m	3000	8200
5	路基宽度		m	32	32
6	行车道宽度		m	2 × 11.25	2 × 11.25
7	桥涵设计车辆荷载			公路— I 级	公路— I 级
8	大、中、小桥、涵洞、路基设计洪水频率			1/100（特大桥 1/300）	1/100（特大桥 1/300）

3.2.2 施工标段划分

项目土建工程部分划分为 3 个施工合同段（表 3.2–2）。

表 3.2–2 施工合同段划分表

合 同 号	起点桩号	终点桩号	里程长度（km）	主要工程量	控制性工程
第一合同段	YK0+424	YK3+890	3.466	桥梁 1 座，隧道 1 座、连接匝道 1 处	拱北隧道
第二合同段	YK3+888.067	YK7+373	3.485	桥梁 1 座、隧道 1 座、互通 1 处	加林山隧道
第三合同段	YK7+373	YK13+228.656	5.856	桥梁 1 座、隧道 1 座、互通 2 处	加林山隧道

3.2.3 交通工程设计等级划分

根据《高速公路交通工程及沿线设施设计通用规范》（JTG D80—2006）高速公路管理设施等级应为 A 级。项目为双向六车道高速公路，且全线为桥梁、隧道相接，路基段很短，主线监控系统应按 A12 级别配置设备。根据《高速公路隧道监控系统模式》《公路隧道设计规范 第二册 交通工程与附属工程》，全线隧道交通工程等级划分为：拱北隧道为 A，加林山隧道为 A+。

后由于拱北隧道为异型结构，形式复杂，无常规隧道所具有的车行横洞和人行横洞，人员疏散只能依靠楼梯和逃生空腔，对隧道运营安全要求很高，因此，设计过程中把拱北隧道设施配置等级提高至 A+，以尽可能完善的设备配置降低隧道运行风险（表 3.2–3）。

表 3.2–3 项目隧道交通工程及附属设施配置等级表

编 号	路段名称		起止桩号	长度（m）	配置等级	备 注
1	拱北隧道	右洞	YK1+515~YK3+890（ZK1+468~ZK3+584）	2375（2116）	A+	括号中数字不含敞开段
		左洞	ZK1+150~ZK3+584（YK1+845~YK3+582）	2741（1737）	A+	括号中数字不含敞开段
2	加林山隧道	右洞	YK5+913~YK9+561	3648	A+	
		左洞	ZK5+910~ZK9+554	3644	A+	

3.3 重大设计方案比选

3.3.1 路线方案布置及比选论证

3.3.1.1 路线方案的拟定思路及主要控制因素

与项目交叉的道路主要有西部沿海高速公路月环至南屏支线延长线、金鼎至横琴高速公路、珠海市南湾大道、南琴路等。项目建成后，通过西部沿海高速公路月环至南屏支线延长线与广珠西线高速公路、广东西部沿海高速公路、江珠高速公路和珠海大道（S366）衔接，通过金鼎至横琴高速公路可以连接京珠高速公路，从而连接珠江东西两岸以及泛珠江三角洲地区路网，最大限度地发挥项目过境通道、快速分流的功能。

项目路线方案的主要控制因素有：

路线起点位于珠澳口岸人工岛上，需要考虑人工岛内设施的布置；

尽量避免与拱北口岸、澳门关闸口岸内建筑物和城际轨道拱北站相干扰；

尽量减少占用茂盛围军事管理区以及珠海市规划用地；

线形要尽量考虑前山河特大桥的桥型布置；

尽量减少拆迁工程量，尤其是南湾大道附近的拆迁工程量；

尽量避免与对澳供水系统相干扰；尽量减少与南琴路的干扰。

3.3.1.2 路线方案概况

经设计单位初测阶段的踏勘和调查，综合考虑地方政府的意见和建议，并经历次协调会讨论，初步设计阶段推荐采用“K+S+K”线的组合方案，推荐线总长13.432km（以左线计）。具体路线方案概况如表3.3-1、表3.3-2所示。

表3.3-1 初步设计路线同深度比较方案一览表

名　称	起讫桩号	路线里程（km）	对应正线桩号	备　注
K线	ZK0+600~ZK5+900	5.3	推荐方案	拱北隧道、前山河
S线	SZK5+900~SZK10+887.161	4.987		横琴北
K线	ZK11+460.500~ZK13+845.5	2.385		南琴路

续上表

名 称	起 讫 桩 号	路线里程（km）	对应正线桩号	备 注
D 线	DZK0+600~DZK4+022.680	3.423	FZK0+600~FZK3+997.049 ZK4+000~ZK4+050	与 K 线同深度比较
F 线	FZK0+600~FZK3+997.049	3.397	ZK0+600~ZK4+000	与 K 线同深度比较
K 线	ZK5+900~ZK11+460.5	5.561	SZK5+900~SZK10+887.161	与 S 线同深度比较
V 线	VK9+700~VK14+197.011	4.497	ZK9+700~ZK14+198.375	与 K 线同深度比较
Q 线	QZK5+900~QZK11+102.116	5.202	SZK5+900~SZK10+887.161	与 S 线同深度比较

表 3.3-2　初步设计其余比较路线方案一览表

名 称	起 讫 桩 号	路线里程(km)	对应正线桩号	备 注
E 线	EZK0+600~EZK4+022.680	3.423	ZK0+600~ZK4+050	拱北隧道段方案
T 线	TK5+900~TK11+435	5.535	K5+900~K12+500	横琴北路线方案
U 线	UK5+900~UK12+340	6.440	K5+900~K12+500	横琴北路线方案
N 线	NK4+000~NK10+690	6.690		将军山北线方案
M 线	MK4+000~MK10+740	6.740		将军山北线方案
H 线	HK4+000~HK10+760	6.760		将军山北线方案
J 线	JK8+600~JK10+700	2.100		将军山北线方案
I 线	IK8+600~IK10+730	2.130		将军山北线方案

3.3.2 拱北隧道方案研究

3.3.2.1 单层方案

（1）F 线单层暗挖方案

工可阶段提出采用盾构法隧道和浅埋暗挖法隧道两种隧道形式，经初步比选后工可阶段推荐采用海底隧道筑堤明挖、拱北口岸段浅埋暗挖的组合方案。

初步设计阶段，提出了 F 线单层暗挖方案（图 3.3–1）。单层暗挖方案虽然单洞开挖断面较小（单洞开挖面积 179m^2），但由于双洞并行施工，口岸内穿越范围较大，沿线双洞施工将会面临地面建筑密集区域地层沉降控制、大面积桩基托换等难题，且双洞近距离施工，相互影响大，施工技术要求高、地层变形控制困难。

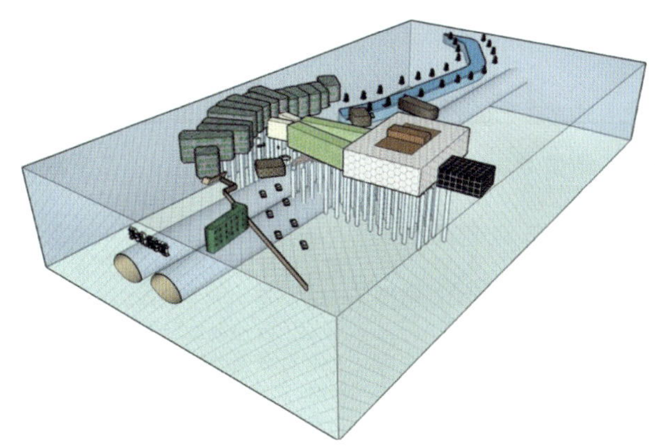

图 3.3–1　单层暗挖方案（F 线）过拱北口岸段三维透视图

（2）D 线单层明挖方案

由于单层双洞暗挖方案沿线桩基托换施工难度较大，因此初步设计阶段提出采用单层明挖方案（D 线）。单层明挖方案，即拱北隧道全线采用双洞并行的单层结构、明挖暗埋法施工（图 3.3–2）。单层明挖方案选择必须着重考虑以下两点因素：

① 拱北口岸平面选线余地不大，由于双洞并行，隧道结构宽度达 32.3m，隧道沿线受边防支队营楼、澳门关闸联检大楼、免税商场及地下行车通道、入境新建检查通道、轻轨拱北站及地面规划道路、横琴轻轨规划线以及昌盛路规划路延长线等限制，单层明挖方案平面选线在满足平面线形指标的基础上，应尽量减少对沿线建筑的拆迁；

② 单层明挖方案无可避免地须拆除免税商场地下行车通道，需考虑地下通道预留重建问题。

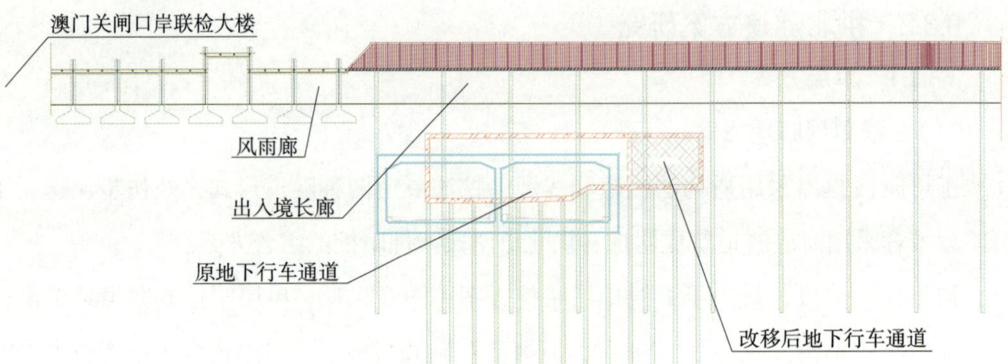

图 3.3-2　D 线单层明挖过风雨廊处隧道结构与邻近构筑物空间位置关系图

（3）方案比选

单层暗挖方案和单层明挖方案的优缺点对比见表 3.3-3。

表 3.3-3　单层方案优缺点对比

方　　案	主 要 优 点	主 要 缺 点
单层暗挖	1. 平面线性指标较高，运营舒适性较好； 2. 横断面布置形式与常规山岭隧道类似，洞内各项运营设施，如行车、行人横洞、交通安全设施等布置方式成熟可靠，运营安全性较高	1. 双洞近距离施工，相互影响较大，地面影响范围较广；地面建筑密集，建筑保护有一定难度； 2. 对于大断面的单洞 3 车道隧道，在富水软弱地层中，地层沉降控制比较困难；特别是下穿风雨廊段，隧道顶部距地下通道底板较近，需严格控制施工质量； 3. 需大面积密集截桩，地层变形控制难度极大
单层明挖	1. 平纵线性指标较高，运营舒适性较好，运营成本较低； 2. 横断面布置空间利用率较高，若增加服务通道，可有效降低隧道救援、检修及维护难度，同时可为大桥珠澳口岸人工岛提供便捷的供给专用管廊空间； 3. 洞内行车、行人横洞设置方便，运营安全性较高	1. 由于隧道结构宽度较大，明挖施工须拆除大量地面、地下建筑及管线，且临时保通设施，如车行、人行栈桥等难以实施； 2. 受地下通道底部标高限制，隧道全线埋深过大，宽体隧道结构顶板难以承受过大荷载； 3. 穿越地下通道段基坑围护受通道空腔及钢筋混凝土结构影响，难以实施

3.3.2.2　双层方案

（1）K 线双层方案的提出

单层暗挖方案由于开挖影响范围大、桩基托换数量多、施工控制困难；单层明挖方案技术可行，但沿线拆迁量范围广、协调难度大。因此，针对施工控制和拆迁协调等难题，提出 K 线双层方案。由于拱北隧道经由拱北通关口岸，地理位置特殊、地层变形控制要求严格，考虑到施工对周边环境的社会影响、口岸通关应避免受到干扰及施工控制难易程度等，K 线双层方案提出了两个方案，即双层暗挖与双层明挖。与单层方案相比，K 线双层方案具有以下特点：

① 双层暗挖与双层明挖两个方案平、纵线位完全一致，除隧道过口岸出入境通关区域（ZK2+395~ZK2+615）两个方案的施工工法有区别外，隧道其余区段二者施工工法完全相同，均采用明挖法施工；

② K 线双层方案平面线位呈“W”线形，线形指标相对较差，但对口岸内主要建（构）筑物均采用了避绕原则，沿线拆迁量大大减少；

③ K 线双层方案开挖跨度较小（K 线明挖基坑开挖跨度可减小至 16.95m，单层明挖开挖跨度最大达到 38.5m），施工影响范围较小，但双层方案属超深基坑（双层明挖）、一次成洞断面过大（双层暗挖，开挖面积超过 328m^2），对于拱北口岸富水软弱地层，同样存在施工控制困难、风险高等难题；

④ K 线双层方案明挖区段距口岸通关区较近，施工组织复杂，转化较多，施工过程中可能对周围环境和通关存在一定影响及干扰。

（2）双层暗挖方案

拱北隧道双层暗挖方案并非全线均采用双层暗挖，仅在隧道过口岸出入境行人行车区段采用上下叠合的双层暗挖通过（图 3.3–3），其余区段（海域段人工岛、口岸段剩余区段、鸭涌河段及茂盛围出口段）均采用明挖法施工。

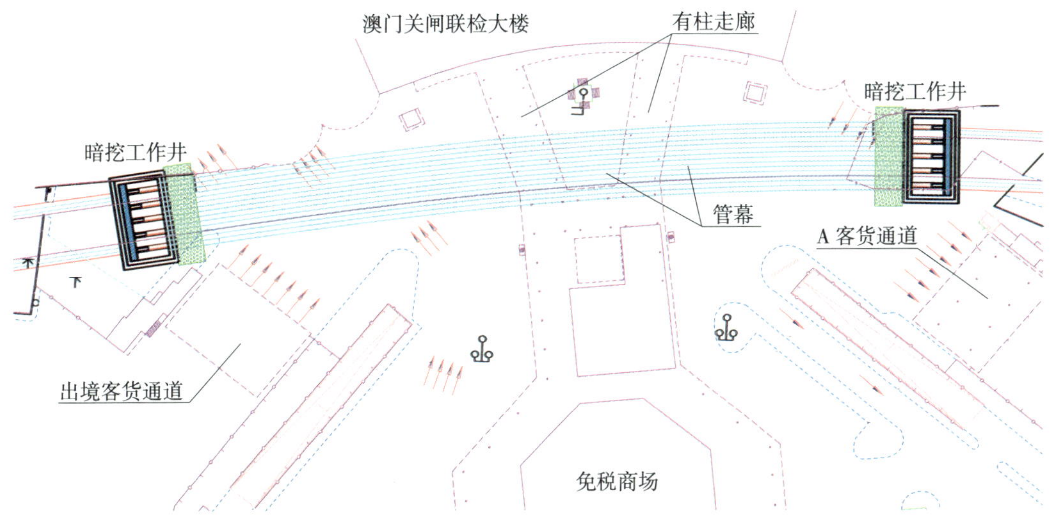

图 3.3–3　双层暗挖口岸段施工平面

（3）双层明挖方案

双层明挖与双层暗挖相比，除口岸暗挖段改用明挖施工外，其余区段与双层暗挖方案一致，全部采用明挖法施工。考虑到口岸内通关流量大、为尽量减少对口岸内通关的影响，局部路段将采用盖挖法施工。由于口岸地面建筑密集、地层沉降控制要求严格（图 3.3–4），基坑围护结构将采用地连墙 + 坑内支撑体系 + 坑内基底加固，一是避免施工过程中口岸内地下水位下降引起工后沉降，二是尽可能减小施工过程中地层变形。

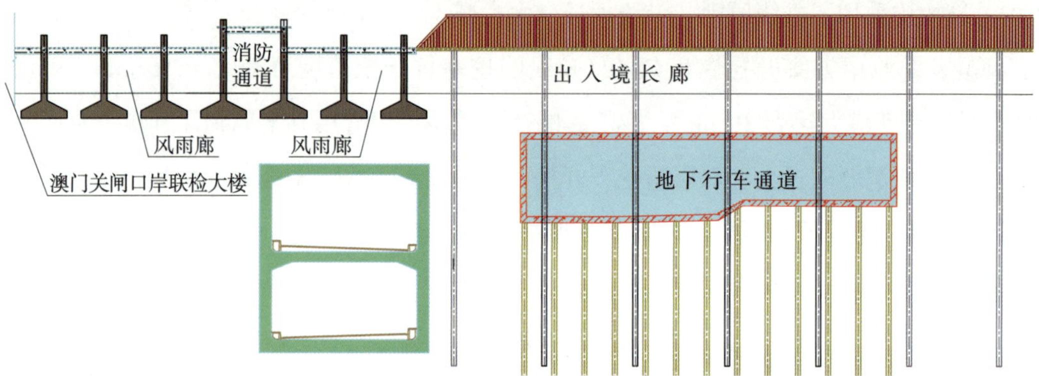

图 3.3–4　风雨廊处双层明挖隧道结构与邻近建筑关系

（4）方案比选

拱北隧道所经区域地理位置敏感、政治影响大、地层条件较差，因此对隧道进行了单层、双层共 4 个方案的设计，并以此比选确定最终方案。由表 3.3–5 对比可知：

① 单从工程建安费来看，4 个方案由高到低依次是单层暗挖（推荐方案，24.02 亿元）> 双层暗挖（19.36 亿元）> 双层明挖（18.50 亿元）> 单层明挖（12.95 亿元）。

② 海域段、鸭涌河至茂盛围段不同方案对比结果表明，该区段施工 4 个方案施工难度、环境影响等相当，其中单层明挖方案由于隧道长度短、埋深浅导致海域段建安费相比较低。

③ 4 个方案最大区别集中于口岸段，不同施工方案（暗挖与明挖）、暗挖长度等对口岸通关影响以及最终工程建设规模、造价、工期、沿线协调工作及拆迁赔偿等差异较大。单从施工控制分析，明挖法优于暗挖法，单层方案优于双层方案，单从环境影响及拆迁协调等分析，暗挖优于明挖，双层优于单层。因此，需在充分理解工程项目背景的前提下，进行多目标综合分析比选。

表 3.3-5　拱北隧道各方案对比表

项目名称			单层方案		双层方案	
			方案一：单层暗挖（F 线）/2740m	方案二：单层明挖（D 线）/2000m	方案三：双层暗挖（K 线）/2705m	方案四：双层明挖（K 线）/2705m
海域段	工程内容		基坑最大开挖跨度约 44m，深度约 24m	基坑最大开挖跨度约 37m，深度约 11m	基坑最大开挖跨度约 35m，深度约 26m	基坑最大开挖跨度约 35m，深度约 26m
	经济（万 / 双洞 · 每延米）		73.01	51.31	60.61	57.81
	环境		施工期间对情侣路行车及场区海岸线有一定干扰，工程完工后对环境影响较小	同方案一	同方案一	同方案一
口岸段	通关	人流	不受影响	需临时改移	不受影响	需临时改移
		车流	不受影响	需临时封关、中断	不受影响	需临时改移
		相关设施	必要时进行加固	需改移量较大	必要时进行加固	部分需改移
	建（构）筑物	五支队营楼	下穿、加固	绕避、加固	绕避、加固	绕避、加固
		出境客货通道	下穿、加固	拆除、改移、就地还建	平面绕避	平面绕避
		澳门联检大楼	绕避、加固	绕避、加固	绕避、加固	绕避、加固
		地下行车通道	下穿、加固	拆除、改移、就地还建	平面绕避	平面绕避
		免税商场	下穿、加固	拆除、改移、就地还建	平面绕避	平面绕避
		入境客货通道	下穿、加固	拆除、改移、就地还建	平面绕避	平面绕避
		入境一站式检查通道	平面绕避	平面绕避	平面绕避	平面绕避
		新建口岸通道	平面绕避	平面绕避	平面绕避	平面绕避
		管线	主要进行保护，无需改移	口岸内已探明管线基本需全部改移（改移长度约 1450m），其中涉及一条对澳供水管、一条澳门排污管	主要进行保护，改移量较少	口岸内已探明管线基本多数需改移（改移长度约 1000m），其中涉及一条对澳供水管
	风险		1. 洞身主要位于砂砾层，地下水与海水可能存在联通，注浆难点； 2. 大面积截桩，上部建筑沉降控制困难； 3. 地下水位高、围岩软弱，大断面开挖地层变形控制困难	1. 口岸内开挖跨度大，沿线拆迁量大，社会影响恶劣； 2. 行人通关可通过设置改移栈桥实现，但延长行人过关距离，容易引起节假日通关管理难度； 3. 行车通关改移较困，可能需临时闭关，行车通关改走横琴口岸	1. 管幕法施工存在一定的技术创新风险； 2. 需采取其他措施（注浆或冻结）对管幕法各钢管之间的缝隙进行止水； 3. 双洞叠层分部开挖，地层变形控制困难	1. 口岸内行车行人通关均需临时改移，协调难度大，政治意义敏感； 2. 需拆除风雨廊，隧道范围内管线需改移或保护，可能会大幅度影响隧道工期； 3. 为减少隧道施工对口岸通关管理的干扰，口岸段采取盖挖法施工，洞内工序众多，施工转换频繁，施工条件困难
	经济（万 / 双洞 · 每延米）		128.01	94.84	106.74	94.89
	环境		对口岸影响不大	影响最严重	对口岸有一定影响，但对通关区域影响较小	影响介于方案二与方案三之间

续上表

项目名称			单层方案		双层方案	
			方案一：单层暗挖（F 线）/2740m	方案二：单层明挖（D 线）/2000m	方案三：双层暗挖（K 线）/2705m	方案四：双层明挖（K 线）/2705m
鸭涌河至茂盛围	建（构）筑物	国防公路	需临时阻断、改移、后期恢复（改移长度接近 500m）	同方案一，规模相当	同方案一，规模相当	同方案一，规模相当
		广珠轻轨拱北站	平面绕避	平面绕避	平面绕避	平面绕避
		口岸新建入境道路及管线	临时改移，后期恢复	临时改移，后期恢复	临时改移，后期恢复	临时改移，后期恢复
		粤海国际花园进出道路	临时改移，后期恢复	临时改移，后期恢复	临时改移，后期恢复	临时改移，后期恢复
		管线	已探明管线基本需全部改移（改移长度约 2220m），涉及城市给排水、通讯光缆等多家单位	同方案一，规模相当	同方案一，规模相当	同方案一，规模相当
	经济（万 / 双洞 · 每延米）		81.94	66.08	75.60	73.17
	环境		面临口岸新建入境道路刚建成不久又需临时改移，同时对粤海国际花园出入（前期先行开工的广珠轻轨拱北站已对其出入造成影响）造成一定干扰，容易引起较为不好的社会影响	同方案一	同方案一	同方案一
其他费用	拆迁赔偿（初步估算）（万元）		0	费用无法估算（拆迁主要包括口岸内出境客货通道、风雨廊、免税商场及地下行车通道、入境客货通道等，其中还涉及可能需对拱北口岸进行临时封关等赔偿费用）	500（工作井区管线改移及占地赔偿）	3500（风雨廊及口岸内地下管线改移）
	建筑加固（初步估算）（万元）		0	600	800	1500
总费用（估算）（万元）			240222	129544（建安费）+X（拆迁赔偿）+600（建筑加固）	193555（建安费）+500（拆迁赔偿）+800（建筑加固）=194855	185044(建安费)+3500(拆迁赔偿)+1500（建筑加固）=190044

注：表中隧道长度以左线计；表中各区段经济分析对比中未包含拆迁赔偿相关费用；其他费用中的拆迁赔偿费用未包括国防公路相关赔偿费用；总费用为初步估算费用，其中建安费用拱北隧道建安费概算结果。

④ 推荐方案采用小净距分离式双洞方案，主要问题是全断面帷幕注浆加超前支护的有效性和可靠性，由于拱北隧道沿线地层条件特殊复杂，施工过程中水的控制是关系到工程安全的最主要关键。此外，该方法实施时对地面环境的影响也是一个主要的问题。需结合科研通过相关创新研究取得相关技术突破后，确保工程建设的合理性、经济性与安全性。

⑤ 深基坑明挖、盖挖法均经过了多年的应用和发展，技术工法、施工经验成熟，但明挖涉及大量沿线协调及拆迁赔偿等，容易引起较为广泛的社会关注和政治影响。

⑥ 双层暗挖综合了暗挖与明挖的优点，但由于管幕法暂无施工先例，技术运用存在一定的创新风险。

3.3.3 前山河特大桥

前山河特大桥主桥跨越的前山河水道，航槽范围内的水深一般为 3.6~4.3m。其上游不到 250 米处为昌盛大桥，其东南方向的新葡京酒店、澳门旅游塔等为澳门知名建筑，地理条件特点突出。

该桥起点侧引桥接拱北隧道，终点侧引桥接南湾互通，终于加林山隧道。该桥依次跨越主要路段有：前河东路南段、南湾南路。

前山河水道定级为Ⅳ级航道，通航孔净高 8 米，双向通航孔净宽 143 米，最高通航水位 2.844m，最低通航水位 –0.756m。

3.3.3.1 主桥跨径的确定及桥型的选择

根据通航论证的要求，桥位在前山河船闸正对的水道内不能落墩。参照地势水形，考虑到承台及防撞设施的尺寸，通航孔处的最小跨径取 160m（工可方案为 150m）。

（1）桥式方案的比选

主跨不小于 160m 的桥梁，可供选择的桥型主要有拱桥、独塔斜拉桥、连续梁桥、自锚式悬索桥等方案。

若考虑一跨通过水域，且跨径在 310m 左右，可供选择的桥型主要有悬索桥、斜拉桥、拱桥等；但考虑到宜减小主桥规模的因素，则拱桥最为合适，因其可只做一孔主跨、不需边跨。

（2）桥跨布置的选择

拱桥：采用净跨 330m、160m 两种下承式系杆拱桥方案。

自锚式悬索桥：考虑到终点侧引桥有接南湾互通的要求，应尽量使主桥在桥面等宽段的范围内；结合结构受力的合理性要求，选取（90+160+90）m 的双塔方案。

连续梁桥：跨径组合为（90+160+90）m。

独塔斜拉桥：考虑到主桥不进入南湾互通范围及方案比选的协调性，独塔斜拉桥跨径布置为（160+90）m。

矮塔斜拉桥：出于前述考虑，跨径组合为（90+160+90）m。

（3）景观效果的评价

景观视觉从整体层面上看，有高于桥面以上的高耸建筑。因此，拱桥、自锚式悬索桥、独塔斜拉桥及矮塔斜拉桥均与大背景不够协调；而连续梁桥型简洁、平顺，能较好地融入周围环境，景观效果较好。

同时，考虑到港珠澳大桥的主桥较多地采用斜拉桥桥型，本桥若采用斜拉桥桥型，可与港珠澳大桥相呼应。

（4）桥型比选结论

从造价、景观、工期等方面综合比较，初步设计选用连续梁桥和独塔斜拉桥共两种桥型、四个方案，主跨均为 160m。

3.3.3.2　主桥方案比选

普通预应力混凝土连续梁桥（方案一）建造及养护方面经济性好、施工工艺成熟、工期较短、景观效果简洁、无高耸建筑，与前山河附近的桥型协调一致。

独塔双索面预应力混凝土斜拉桥（方案二）景观特点鲜明、施工工艺成熟，但造价略高、工期稍长。

波形钢腹板预应力混凝土连续梁桥（方案三）与方案一类似，但结构受力更趋合理、工期稍短，且外形上较为生动活泼、色彩鲜艳、富于现代感，景观效果更好；不足之处是国内的建造经验相对较少。

独塔独柱中央索面预应力混凝土斜拉桥（方案四）与方案二类似，且桥上行车视野更开阔。

经综合比选，由表 3.3-6 对比可知，选定波形钢腹板预应力混凝土连续梁桥（方案三）为推荐方案。

表 3.3-6 主桥桥型方案比较表

项目名称	桥型方案一	桥型方案二	桥型方案三	桥型方案四
缩略图				
桥型布置	（90+160+90）m 混凝土连续梁桥	（160+90）m 独塔双索面混凝土斜拉桥	（90+160+90）m 波形钢腹板 PC 连续梁桥	（160+90）m 独塔中央索面混凝土斜拉桥
主桥全长 / 宽（m）	340/2 × 15.75	250/35.8	340/2 × 15.75	250/35.5
路线总体适应性	主梁建筑高度较大，总体适应性一般	主梁建筑高度小，总体适应性较好	主梁建筑高度较大，总体适应性一般	主梁建筑高度小，总体适应性较好
结构特点	主梁：预应力混凝土箱梁	主梁：预应力混凝土箱梁 主塔：混凝土塔	主梁：预应力混凝土顶、底板；波形钢腹板	主梁：预应力混凝土箱梁 主塔：混凝土塔
施工特点	采用对称悬浇法施工，工艺成熟，设备简单	采用对称悬浇法施工，工艺成熟，设备及工艺稍复杂	采用对称悬浇法施工，工艺及设备简单	采用对称悬浇法施工，工艺成熟，设备及工艺稍复杂
施工工期（月）	22	26	19.5	25
建造费用	较低	较高	较低	较高
养护费用	养护费用最少	斜拉索需周期性更换，费用较高	波形钢腹板需涂装、除湿，养护费用略高	斜拉索需周期性更换，养护费用较高
景观效果	景观效果简洁，与前山河附近的桥型协调一致	造型较美观，与港珠澳大桥的风格接近	景观效果好，且与前山河附近的桥型协调一致	造型较优美，与港珠澳大桥的风格相近
工程造价	主桥单位面积建安费为 9841 元 /m^2；主桥长 340m，建安费为 1.054 亿元 加上起点引桥，主体建安费为 1.739 亿元	主桥单位面积建安费为 12602 元 /m^2；主桥长 250m，建安费为 1.127 亿元 加上起点引桥，主体建安费为 1.943 亿元	主桥单位面积建安费为 9945 元 /m^2；主桥长 340m，建安费为 1.065 亿元 加上起点引桥，主体建安费为 1.750 亿元	主桥单位面积建安费为 12319 元 /m^2；主桥长 250m，建安费为 1.092 亿元 加上起点引桥，主体建安费为 1.910 亿元
总体评价	经济性好、施工工艺成熟、景观效果简洁，与前山河水道已有的桥型协调一致	造价较高、施工工艺成熟、景观效果较好（但含高耸建筑）	经济性好、工期短、景观效果优、但建造经验略少	造价较高、施工工艺成熟、景观效果较好（但含高耸建筑）
推荐意见	波形钢腹板 PC 连续梁桥型（方案三）除了具有普通预应力混凝土连续梁的普遍优势外，其结构受力更趋合理、工期更短、耐久性及抗震性能更好，且外形上较为生动活泼、富于现代感，景观效果更优；不足之处是国内的建造经验相对较少 经综合比较，主桥推荐采用（90+160+90）m 波形钢腹板 PC 连续梁桥型（方案三）			

3.4 关键工程与设计创新

3.4.1 拱北隧道

3.4.1.1 项目特点

拱北隧道是项目关键性控制工程，双向六车道，由海底隧道与城区隧道两部分组成。海底隧道穿越拱北湾海域，城区隧道下穿拱北口岸。隧道起讫里程桩号左线：ZK1+150~ZK3+891，长 2741m，右线：YK1+515~YK3+890，长 2375m。设计速度 80km/h，净空 14.25 × 5.1m。

隧道按照“先分离并行，再上下重叠，最后又分离并行”的形式设置，涉及海域人工岛明挖段、口岸暗挖段及陆域明挖段等不同结构形式和施工工法。其中口岸暗挖段采用 255m 曲线管幕 + 冻结法施工，是世界首座采用此工法施作的双层公路隧道，其管幕长度和冻结规模均创造了新的世界纪录。

隧道建设环境复杂，下穿我国第一大陆路口岸——拱北口岸等敏感地带，跨度大、埋深浅，水文地质条件复杂，地面建筑多，地下管线及邻近桩基密集。隧道暗挖段采用上下叠层的卵形结构，开挖断面为 336.8m^2。施工首先在隧道周围采用 36 根 ф1620mm 的管幕形成超前支护，然后采用冻结法对管幕之间约 35cm 的原状土体进行冻结，起到止水作用；最后在顶管管幕 + 冻结止水帷幕形成的超前支护体系下采用 5 台阶 14 部开挖工法进行暗挖施工。

3.4.1.2 项目建设难度

（1）工程地质条件复杂

拱北隧道大部分位于水位线以下，水力场复杂。隧址区岩性在纵向上具有海相、海陆交互相、陆相多层结构，岩性条件较为复杂，特别是海相、海陆交互相沉积层发育，一般厚度达到 28~35m，土质极软弱。软土层具有多层、厚度大、分布广泛、含水量高、压缩性高、极易触变等特性，致使隧道在围岩稳定性方面、支护设计方面、施工方面都存在诸多不利因素。

（2）周边环境复杂

拱北隧道沿线途经珠海连接线人工岛、边防五支队、珠海拱北口岸、澳门关闸口岸、广珠城际轨道拱北站、茂盛围（军事管理区），涉及口岸、边防部队等众多部门。其中，珠海拱北口岸已成为我国第一大陆路口岸，日均旅客 30 多万人次，日均车辆 1 万多辆次，口岸内建筑物密集且安全级别高。管幕群外缘距离澳门联检大楼桩基最近处仅为 1.50m，距离拱北口岸出入境长廊基桩为 0.5m。距离广珠轻轨的终点站珠海拱北站不足 24m。隧道路线范围内电力、电讯网络众多，给排水管网密布。

（3）隧道施工工法复杂多样

拱北隧道沿线结构变化复杂，按“先分离并行，再上下重叠，最后又分离左右并行”的形式设置，包括海域明挖段、口岸暗挖段及陆域明挖段，涉及深基坑工程、浅埋暗挖施工、冻结施工、顶管管幕施工等多种工法。

（4）设计施工技术难度大、风险高

拱北隧道暗挖段下穿拱北口岸，穿越具有高压缩性、高触变、高灵敏度、高含水量、大孔隙比、低强度等软土特征的地层，工程地质条件极其复杂，地层变形控制要求极高。隧道施工涉及海域动水超大深基坑施作及世界首创管幕 + 水平冻结工法。其中，海域明挖段长 1225m，最大基坑开挖跨度达 32.66m，最大开挖深度达 26.89m；陆域明挖段总长 1230m，最大基坑开挖跨度达 30.50m，最大开挖深度达 22.06m；口岸内工作井最大开挖深度超过 31m。暗挖段全长 255m，采用上下叠层的卵形结构，开挖断面面积大，平面线形为缓和曲线 + 圆曲线，采用 255m 曲线管幕 + 冻结法施工，空间曲线管幕顶进突破了直线平曲线管幕的限制，创造了当前动力管幕顶管长度新纪录。该施工工法属于首创，施工难度大，风险高。

（5）政治敏感性高

作为港珠澳大桥的重要组成部分，珠海连接线工程同样具有较大影响。同时，项目因须穿过珠海拱北口岸、澳门关闸口岸、军事管理区等敏感地带，受到各界广泛关注。

3.4.1.3　创新点

（1）长距离大直径空间曲线管幕关键技术

暗挖段采用 36 根直径 Φ1620mm 管幕均匀布置在隧道开挖轮廓周围，形成超前支护体系，如图 3.4-1 所示（右上角顶管为前期试验管）。管幕之间最小净距约 35.7cm 左右。管幕长度为 255.43~260.36m，平均长度为 257.92m。管节基本长度为

4m。根据管幕埋置深度，管幕壁厚划分为 20mm、24mm 两个等级，中板上部 1~9、29~36 号管幕壁厚 20mm，剩余中板下部管幕壁厚 24mm。

图 3.4–1　管幕布置图

管幕纵向采用 F 型接头进行连接，如图 3.4–2 所示，每隔 4 节管幕设置一处纠偏接头。奇数管幕在顶管完成之后采用微膨胀自密实混凝土进行填充，偶数管幕在暗挖施工完成之后进行填充。

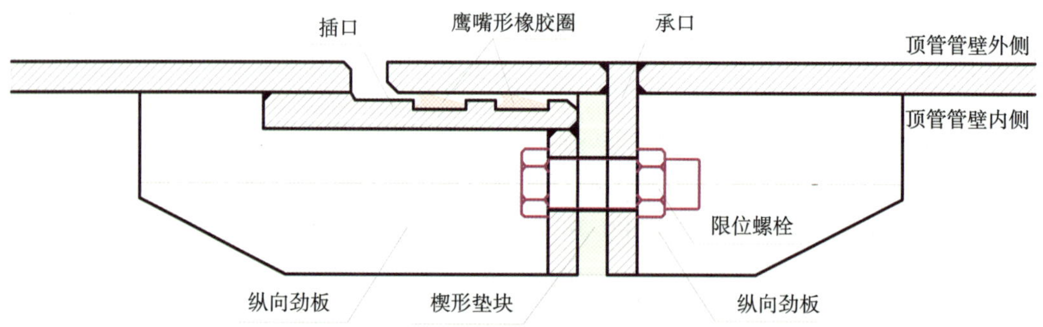

图 3.4–2　管幕纵向 F 型接头设计示意图

长距离大直径空间曲线管幕顶进是工程的重、难点，是决定项目成败的关键，具有顶进精度控制难、障碍物处理难、地表沉降控制难、周边环境敏感突发事件处理难等特点。

（2）大管幕条件下超大断面隧道冻结止水帷幕关键技术

工程冻结的主要作用是管幕间止水，因此冻土帷幕的厚度必须满足两个要求：① 冻土帷幕的最小厚度必须满足顶管间封水的要求；② 冻土帷幕的最大厚度必须满足地表变形对土体冻胀的要求。冻土壁设计厚度为 2m，并对管幕周边预先注浆改良土体，以控制冻土帷幕的冻胀效应。

为动态控制冻土帷幕的体积，在横断面上采用圆形冻结管 + 异形冻结管 + 限位管的组合布管方式（图 3.4–3）。在奇数顶管内两腰部分布置两根 DN125 冻结管作为主要冷源；在靠近顶管外边缘的位置布设限位管，通过循环升温盐水带走多余冷量的方法来控制冻土帷幕的厚度；在偶数顶管内布设异形冻结管（L125 角钢焊接在管壁上），对管间土体进行加强冻结，以抑制开挖过程中热扰动对冻土的削弱作用。

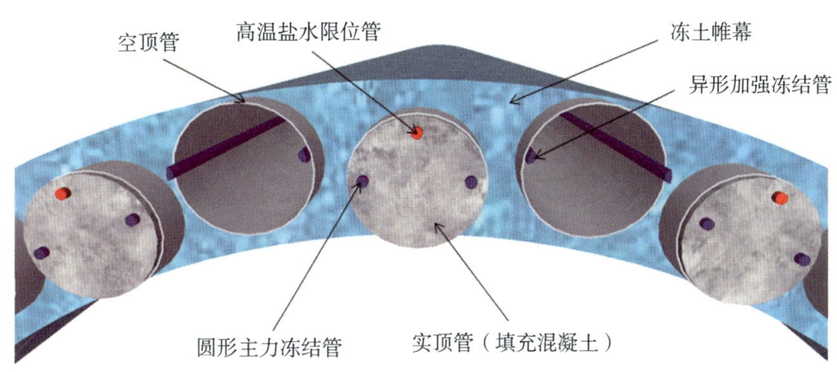

图 3.4–3　冻结管路横断面布置图

拱北隧道口岸暗挖段长 255m，采用管幕超前支护 + 水平冻结止水组合围护结构技术建造超大断面隧道为国内首创，是国际上最具挑战性的工程之一。其中长距离水平环形控制性冻结技术为国内首创，世界领先。冻结方案采用全长整环积极冻结，分段分区维护冻结，冻结纵向分三段，采用“圆形冻结管 + 异形冻结管 + 加热限位管”的冻结管布置方式。

（3）复杂环境条件下超大断面隧道暗挖施工关键技术

拱北隧道暗挖段全长 255m，采用曲线管幕 + 冻结止水形成超前支护体系。隧道开挖断面 336.8m^2，采用 5 台阶 14 部开挖工法施工，从两端的东西区工作井形成工作面相向开挖施工。隧道开挖以机械开挖为主，辅以人工修边；二次衬砌第 1 台阶为喷射混凝土，以下台阶为模筑混凝土。待第5台阶二次衬砌达到设计强度后，开始自下而上依次施做仰拱、三次衬砌（侧墙、中板、拱顶）。

暗挖段开挖采用5台阶14部开挖法，由上而下分为5个台阶，台阶高度约3.8~5.0m，（图3.4-4）。第1台阶，先开挖A2导洞，后开挖A1导洞，开挖后及时施作初期支护，二次衬砌紧跟开挖作业面，布距控制在15~20m以内。第2~5台阶，先开挖中间导洞，及时施作竖向、横向临时支撑；后开挖两侧导洞，并及时施做初期支护和横向临时支撑。各层台阶纵向间距控制10m以上，同一层台阶各导洞步距控制在5m以上。每层台阶间通过设置横向联络通道解决资源共享问题，竖向通过设置投料口解决水平运输问题。

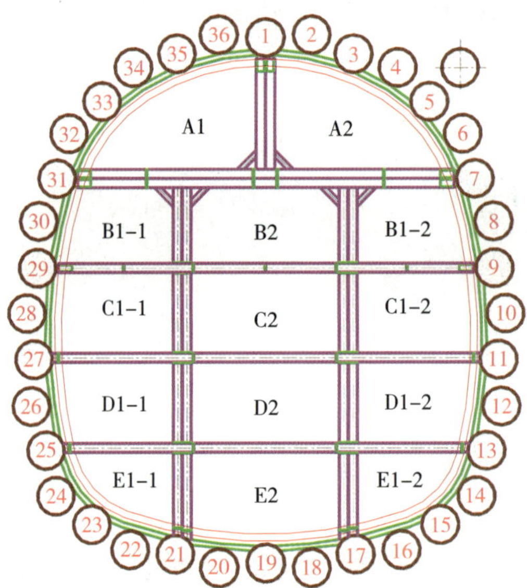

图3.4-4 分台阶分部开挖

（4）双层异形隧道通风及救援关键技术

根据拱北隧道双层的结构特点，在国内首次构建了包含逃生空腔、逃生楼梯、消防电梯在内的立体疏散体系，解决了双层异形隧道人员疏散困难的技术难题。当火灾发生时，为方便救援人员奔赴火灾现场开展灭火救援，设置了进入隧道的救援通道，在东、西两个工作井分别设置一处消防电梯。

拱北隧道共有逃生空腔3处，其中珠海端左右线各有一处逃生空腔，香港端左线入口有一处逃生空腔。逃生空腔每间隔 100m 左右设置一处安全门与隧道相接。全线共设置 9 处逃生楼梯，其中明挖暗埋段逃生楼梯按 150m 间距设置。逃生楼梯使隧道上、下层保持连通。（图 3.4–5）

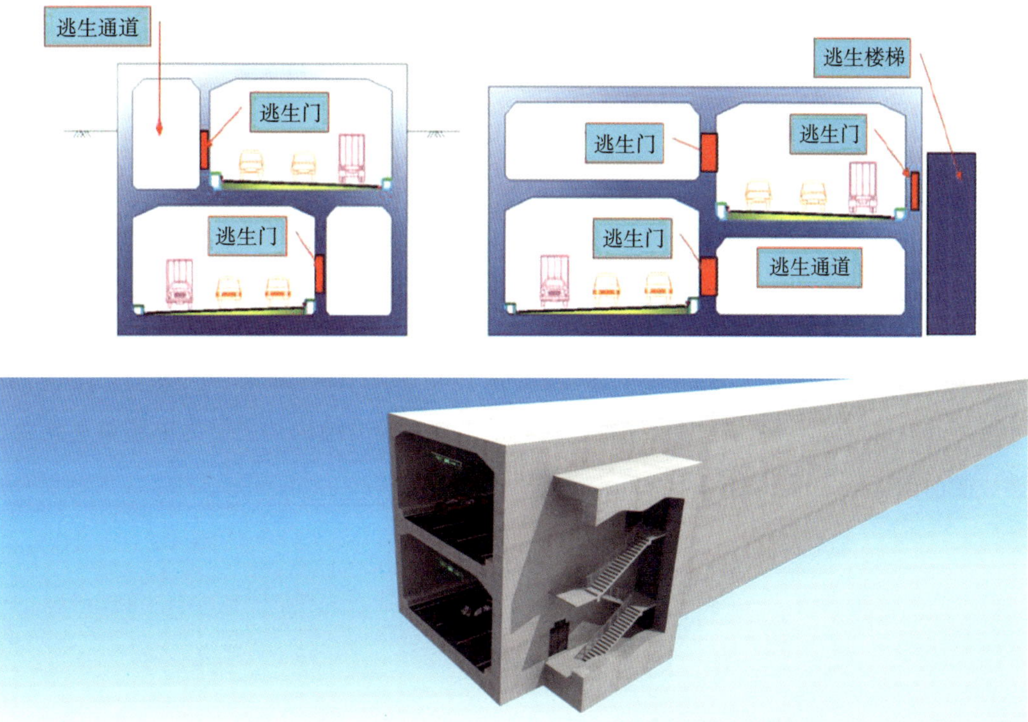

图 3.4–5　拱北隧道逃生空腔及逃生楼梯示意图

通过研究，建立了包含隧道逃生空腔、逃生楼梯、消防电梯在内的逃生区域紧急通风计算标准和模型，设置了紧急通风系统，可实现对火灾工况下疏散区域的正压送风。对行车主洞不同位置区域发生火灾工况下烟雾扩散规律及人员疏散进行了研究，优化了救援通道设置及通风系统设置方案。由于逃生楼梯和逃生空腔均为被困人员的生命通道，因此必须保持楼梯间和逃生空腔内正压送风的有效性。考虑其重要性，工程采取了从地面取风措施保证其正压送风。

以左线入口段逃生空腔为研究对象展开研究：根据最不利原则，将火源设置在离逃生腔最近的疏散楼梯处，同时直接通往上线的楼梯也发生堵塞，被困人员也向行车入口处与逃生空腔进行逃生。（图 3.4–6）

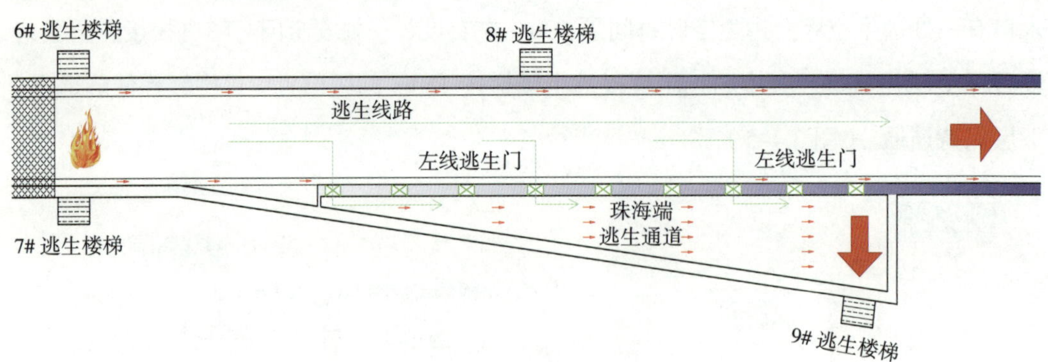

图 3.4-6　逃生示意图

3.4.2　前山河特大桥

前山河特大桥全桥共 14 联，左线全长 1775.5m，右线全长 1777m。主桥采用 90m+160m+90m 波形钢腹板连续梁桥，纵向采用全预应力结构。主梁为单箱单室截面。建成的前山河特大桥。（图 3.4-7）

图 3.4-7　建成后的前山河特大桥

3.4.2.1　结构特点

（1）主梁

主梁采用单箱室截面，顶板宽 15.75m，翼缘宽 3.375m，箱室宽 9m，设 2% 横坡。中墩支点梁高 9.5m，高跨比 1/16.84，边墩支点及跨中梁高 4m，高跨比 1/40。梁高按 1.8 次抛物线变化，主梁对称悬臂施工，合龙前阶段划分为 12.8m（0 号节段）+ 6 × 3.2m+11 × 4.8m，边、中跨合龙段长均为 3.2m。边跨直线现浇段长 8.4m。

① 波形钢腹板构造。

波形钢腹板采用 1600 型波形钢板，材料为 Q345C 钢，采用模压法成形。钢腹板波形水平段长 430mm，斜段长 430mm，斜段水平方向长 370mm，波高 220mm，弯折半径不小于 15 倍板厚。

② 波形钢腹板连接。

波形钢腹板间的连接采用双面搭接贴脚焊接，施工时先采用螺栓临时固定。

波形钢腹板与顶板间采用双 PBL 键连接，与底板间采用角钢剪力键连接。

③ 预应力体系。

预应力采用体内预应力与体外预应力结合的设置方式。

（2）下部构造及基础

主墩采用等截面矩形实心墩，左右幅桥墩采用分离式承台，高 4m，纵桥向宽 12.94m，为减小阻水和船撞力，承台横桥向端部采用圆端设置，基桩采用直径 2.8m 的钻孔灌注桩，每墩 4 根，按支承在基岩中的端承桩设计。

3.4.2.2　项目建设难度

前山河特大桥采用波形钢腹板预应力混凝土连续梁桥方案，是一种在业内日渐兴起的新型组合结构桥型。技术难点主要有：

（1）大尺寸波形钢腹板屈曲稳定性与几何参数的控制。

（2）大跨、宽幅波形钢腹板预应力混凝土组合连续梁桥力学性能的把握。

（3）大跨度波形钢腹板预应力混凝土组合连续梁桥设计理论的深化。

（4）大跨度波形钢腹板预应力混凝土组合连续梁桥施工技术。

3.4.2.3　创新点

（1）采用波形钢腹板预应力混凝土连续梁桥方案，主桥跨径（90+160+90）m。波形钢腹板由专业生产厂家分块预制完成后运送至现场组合安装（图 3.4–8）。该方案很好地利用了钢与混凝土的优点，提高了结构的稳定性及材料的使用效率，解决了传统的预应力混凝土箱梁腹板易出现裂缝的问题。

图 3.4–8　波形钢腹板预制加工

（2）开展大高度钢腹板 – 内衬混凝土组合腹板的屈曲稳定性理论计算与试验研究，并进行了墩顶附近梁段过渡区构造与内衬混凝土的设计方法研究（图 3.4–9）。

图 3.4–9　波形钢腹板 – 内衬混凝土组合试验

（3）自行设计了波形钢腹板组合箱梁纯扭转试验加载装置并完成试验，得出了单箱单室波形钢腹板组合箱梁的抗扭承载力及混凝土板裂缝分布规律。进行波形钢腹板组合箱梁纯扭转的修正，软化桁架扭转分析模型的开发与研究，得到准确的预测模型（图 3.4–10）。

图 3.4-10 波形钢腹板组合箱梁纯扭转试验

（4）进行波形钢腹板 PC 组合梁角钢剪力连接件试验，对角钢连接件在静力作用下力学性能和传力机理进行研究，为这种结构的设计与应用提供参考。

（5）编制了前山河特大桥上部结构施工技术指南、质量控制及质量评定标准文件，为工程实施提供了重要的技术支持。

3.5 后服务管理

3.5.1 现场服务

现场后续服务内容包括设计代表承担的技术交底、图纸解释、施工工程设计优化及调整等。

首先，由设计单位正式任命有经验的设计代表组负责人及组成人员，并常驻施工现场。设计代表与建设单位工程管理部合署办公，针对现场出现的各类疑难问题及时解决处理，不能解决的问题及时沟通，共同讨论处理。

针对项目施工风险高、技术难度大这一特点，施工工程设计优化、调整较频繁，各参建单位都需要根据现场实际情况采取有针对性的措施。在这种情况下，设计单位派遣有经验的、深度参与项目设计的设计代表常驻施工一线，及时解决施工工程碰到的各类问题，为有序推进工程建设做出了重大贡献。

3.5.2 设计回访

结合项目特点，设计单位针对施工过程中的各类问题，不定期组织设计回访，集中解决。由于项目设计施工难度、风险较大，设计回访工作主要由中交第二公路勘察设计研究院有限公司主要技术负责人带队负责。设计回访过程中深入施工一线，查看施工方是否落实设计意图及方案，并对存在问题进行了回应与解决。

设计回访对现场施工的技术指导以及相关技术问题的反馈，为项目按期安全贯通提供了有力的技术支撑。

第 4 章
计划合同及投资管理

4.1 招投标管理

本项目的招标工作，一方面严格按照《中华人民共和国招投标法》和实施条例以及交通运输部、广东省招投标有关法律法规和规章制度开展，自始至终坚持“公开、公平、公正、诚实信用”原则，招投标程序严谨，招标过程操作规范；另一方面，根据项目特点、难点，创新招标工作思路及招标模式，注重招标质量，择优选取参建单位，合理确定合同造价。管理中心进行的招标工作，无任何有效投诉。

管理中心 2009 年 4 月接手项目建设任务后，马上启动勘察设计招标工作。根据设计工作特点，划分为土建工程和交通工程两个设计标段。鉴于项目建设条件复杂、技术难度大、建设标准高、勘察设计需攻克的技术难题多等原因。为选择能力强、业绩好、信誉度高的设计单位，管理中心在交通运输部《公路工程勘察设计招标文件范本》的基础上，结合项目的实际情况，制定了科学合理的潜在投标人资格审查条件及资格预审评审办法和评标办法。资格审查条件（人员）方面，为加强项目设计总体协调工作、确保设计质量，招标文件要求土建设计标设置项目总体协调负责人，同时要求投入人员除应具备相应的专业职称和设计经验外，还须在本单位担任副总经理 / 副院长领导岗位职务。为便于评标委员会准确评审投标文件、确保评分客观合理，评标阶段增设了投标人陈述环节。评标办法规定，在详细评审时，招标人可要求各投标人陈述其关于本招标项目的勘察设计思路和设计理念。投标人均高度重视此次招标项目，大部分委派拟定的项目负责人进行陈述，部分投标人甚至由投标人单位主要负责人亲自陈述。

控制性工程拱北隧道建设条件极为复杂，隧址处于拱北湾及临海富水软弱地层，位于边防管控区域，穿越全国第一大陆路口岸拱北口岸。拱北隧道推荐采用明挖 + 暗挖相结合的组合方案，除口岸通关区域（255m 长）采用业内首创的管幕 + 冻结的双层暗挖工法通过外，其余区段均采用明挖法施工。管幕 + 冻结工法无类似的设计和施工经验，经上级主管部门批准，采用专题技术研究图纸进行控制性工程（拱北隧道）施工招标，并要求施工承包人协助设计单位完善施工图设计。

由于国内没有该工法的工程先例且无相应的计价依据可供借鉴，如何设置合理的投标人资格审查条件、合同承包模式和评标办法，成为招标是否成功以及能否选取实力雄厚、履约能力强的承包人的关键。为此，管理中心首先从调研入手，在上级单位的指导下，对港珠澳大桥、广州地铁、广州市政工程、胶州湾海底隧道等项目进行了调研，重点了解招标方式、合同承包模式、管理理念及投资控制等。同时，还函询了国内承担过过江或海底隧道的施工、监理单位，调研其注册资本、资质和隧道业绩等，为合理设置投标人准入门槛和评标办法提供参考依据。在调研的基础上，重点对施工合同承包模式、评标办法等进行了深入的研讨。由于拱北隧道建设条件复杂，业内首次采用管幕 + 冻结工法，专题技术研究不尽完善，设计方案需进一步完善优化，不确定性多，因此，业主和承包人均有不确定的风险。管理中心从公平合理设置业主和承包人风险、便于项目管理又能充分发挥承包人积极性和有利于工程顺利推进等方面，对各种承包模式进行了仔细研究，分析利弊。如采用设计施工总承包或总价包干模式，难以合理设置划分风险承担原则，最终选择采用合同清单单价承包模式，同时在合同专用条款中设置了顶管机械摊销、冻结机组补偿条款，一定程度上降低了承包人的成本风险。鉴于拱北隧道标的较大，施工方案等方面有进一步优化的可能，同时考虑到管幕、水平冻结帷幕等特殊工法可供借鉴的案例不多，为引导投标人进行合理报价，同时使投标报价具有一定的竞争性，施工招标首创采用投标人有效报价中的次低价作为评标基准价的评标办法，偏差率设定为（投标人评标价—评标基准价）/（招标人控制价 – 评标基准价）。

省内首批采取独立第三方试验检测模式。为加强试验检测数据的公正性、客观性和准确性，本项目设立独立的第三方试验检测机构，把原总监办的中心实验室剥离出来，单独通过招标选取试验检测中心。第三方试验检测内容包括在项目实施过程中承担发包人和监理人负责抽检的工程原材料、结构物成品、半成品、工程实体等（监理人只负责其原抽检范围的取样和送样工作，不设立中心试验室），协助发包人进行试验检测方面的管理工作。实践证明，独立的第三方试验检测模式有效地保证了试验检测数据的真实性，真实反映了原材料和实体质量情况，同时也一定程度上监督和促进了监理工作质量。

4.2 合同管理

合同管理是项目投资经营管理的重要一环。在项目管理中，重视和强化合同意识、审计意识和法律意识，严格规范合同的拟订、签订，严格合同履行。经常以审计的角度审视合同签订和履行的合法合规性，及时预防和纠正审计和法律风险，保障项目利益。

合同要能执行好，合同条款的拟定是关键之一，特别是本项目投资大、建设条件复杂、施工难度大、采用了大量的新技术、新工艺、新材料，合同的拟订应尽可能合理、严谨且符合现场实际。如土建施工承包合同，首先需要合同管理人员提前介入设计，了解设计方案和设计意图，充分分析研究，并结合征拆、协调难度以及现场施工可能碰到的问题评估风险，然后再考虑如何设置合同条款。以拱北隧道为例，因采用顶管管幕 + 水平冻结的施工工法，为业内首创，无成熟经验可资借鉴。在编制招标人控制价时，计价依据可以参考的仅有市政定额和煤炭定额。但市政定额是单根管的定额，而且采用的设备是国产设备，单台顶管机费用约 150 万元；煤炭工程冷冻施工工艺通过冷冻管直接作用于土体，与拱北隧道通过顶管管壁再作用于土体的施工工艺及施工功效完全不同，并且煤炭工程基本在野外，与拱北隧道冻结工程对地表沉降的要求也不同。经过充分调研，拱北隧道顶管机需要选取进口设备，顶管机的设备费用及冻结的费用将远大于合同费用。经向省交通运输厅汇报并获得同意后，在合同条款中增加了顶管机的费用补偿条款和冷冻机组运转费用的补偿条款。又如路面施工合同，项目按计划分期通车，由此路面工程需分期施工，中间间隔七八个月。考虑到路线里程短，路面合同费用不多，闲置期拌和站设备摊销、人员机械设备二次进退场费用占比较高的特点，经与省交通运输工程造价管理站沟通并获得同意，在设定路面合同条款时，以总包干形式给付闲置期拌和站设备摊销、人员机械设备二次进退场费用。

计量支付的准确和高效，有利于减轻承包人的资金压力、促进施工进度。为减少审核流程、提高审核质量和效率，管理中心创新地采取了联合召开计量会的形式。管理中心计划合同部组织，承包人、总监办和管理中心工程部参加，共同审查申报计量数量及资料，避免了反复修改计量资料，大大缩短了审查时间。一般情况下，15 天内可完成计量审批。如承包人当期计量金额较大，考虑到承包人的资金压力，在总监办完成项目管理系统网上计量签认后，先行支付该计量周期的部分计量款（最高支付额不超过扣除保留金和预付款后的 50%），待完成全部计量程序后，扣除应扣款项后，支付剩余的计量款。

4.3 投资控制

项目里程虽短，但全线位于城区，其中控制性工程（拱北隧道）穿越拱北湾海域和拱北口岸等边境管控区域；拱北隧道采用业内首创的顶管管幕 + 冻结施工工法，设计方案和施工工艺不成熟；因受口岸运行制约，施工控制要求高，且计价依据缺乏。由于以上因素且工期长、不确定因素多，投资控制难度极大。管理中心从项目前期就树立了全过程造价管理理念，从投资规模调整、初步设计、招标、变更和结算等造价管理各个阶段，严格依照造价标准化的要求，强化造价的管理和控制。在建设环境、技术条件、施工协调等极为困难的情况下，项目造价控制效果良好，总投资控制在批复概算之内，并略有节余。

前期阶段（概算编制）：严格审核设计工程数量，确保数量准确；编制初步施工组织方案，力争临时工程和临时设施费用合理；调研材料市场价格，特别是地材价格，力争减少实施期材料价格上涨因素影响；现场核查统计征拆数量，收集省市征拆补偿价格，力争补偿依据合理充分、征拆总费用合理充足。

招标阶段（清单预算和招标人控制价编制）：严格审核设计数量和招标三级清单数量，确保数量的准确和一致性；从费率、材料单价、定额选取、计价工程数量等方面严格审查招标清单预算，确保预算水平真实合理；调研类似项目的招标下浮率和造价水平，合理设置招标人控制价和下浮率范围；严格依照招标文件约定，调整中标人不平衡报价，维护项目利益。招标人控制价的编审也是造价控制的关键环节，控制价合理既有利于项目的顺利推进，也有利于造价的控制。以路面标和机电标为例，路面标招标人控制价编审的关键有：拌和站的设置位置，以合理拟定拌和料上路距离；路面碎石可能选取的料场、出场价及运输距离。为合理拟定拌和料上路距离，管理中心亲自组织调研了周边有可能设置拌和站的场地，量测了最有可能被选取的拌和场地至各互通间的距离，作为招标预算编制中的拌和料运输距离计算依据。对于路面碎石，委托调研了项目周边石场，包括碎石质量、生产能力、出厂价格水平和运输距离等。在仔细分析研究调研结果的基础上，拟定符合要求的较近石场作为预算采用价格。同时，考虑到实施过程中因各种原因可能调整采购石场，还拟定了备用石场，并以该石场的运输距离与原定石场的运输距离之差计算运输费用作为调差上限。机电标招标人控制价的编审关键为机电设备费用。为此，管理中心委托调研了市场上相同技术指标的机电设备价格，包括最高价、最低价和中间价。预算编制时采用中间价。在清单预算核备时，得到了省交通运输工程造价管理站的认可，同时合同价格也基本符合市场实际。

项目实施阶段：加强变更控制和严格合同履行，严格审核变更的合理性和依据，审核变更前后工程数量的准确性，审核新增单价的作价原则。同时，为及时掌握投资控制情况，准确把握下一阶段的造价管理重点和难点，定期分析造价管理存在的问题和不确定因素，编制预结算报表，有针对性地采取措施合理管控造价。

通过开展定额研究核定施工成本。控制性工程（拱北隧道）招标清单预算编审时，由于公路行业没有相应的定额，管幕和冻结分别参考《广东省市政工程综合定额（2010）》和煤炭建设定额进行计价，但拱北隧道设计方案和建设条件与以上定额的适用条件有明显的不同。为核定顶管管幕和冻结等的实际消耗和施工成本，完善和丰富公路工程计价依据，管理中心委托开展了超大断面暗挖隧道长距离顶管管幕和冻结工法定额研究。鉴于长距离曲线顶管管幕冻结止水开挖工法为业内首创，工程技术难度大，施工风险高，省高速公路建设总指挥部要求尽快编制顶管管幕冻结止水工法的新补充定额，科学合理确定新工法的工程成本。为此，管理中心依据经评审的定额研究成果，编审新工法施工定额。对于实际成本远大于合同价格的顶管管幕和开挖支护等项目，向省交通运输厅申请变更，并获得省交通运输厅的支持和批复。

第 5 章
征地拆迁管理

5.1 项目用地原貌分析与摸查

项目位于珠海市主城区核心区域，征地拆迁相关费用占批复概算的三分之一。项目征地拆迁工作不但涉及陆域、海域，而且沿线产权单位包括村民、村集体、企业（私企、国企、上市企业）、事业单位、部队和中央垂直管理的口岸查验单位等，关系错综复杂，历史遗留问题层叠交织，征地拆迁难度极大。项目涉及全线红线范围内需征收永久用地 37.3 万 m^2、用于施工项目部驻地建设的临时用地 29.9 万 m^2，均位于珠海市核心城区；需拆迁房屋和构筑物 13.78 万 m^2，其中村（居）民房屋 48 栋 176 户、企业 59 家、部队营房 5 处、加油站 1 处、农贸市场 1 家、学校 1 家，需补偿青苗及地上附着物产权单位和个人共计 247 户，利益诉求复杂，征收补偿难度大；涉及对澳供水、国际通信、国防光缆、电力、电信、天然气、给排水等大量管线迁改要在 2013 年 12 月底前完成，迁改范围广、涉及的产权单位众多、施工地形环境复杂，加之涉及燃气、电力等诸多高危管线，安全保障难度大（图 5.1–1）。

图 5.1–1　部分地形原貌

5.2 总包干模式的提出及应用

5.2.1 总包干模式的提出

广东省高速公路征地拆迁的传统管理模式大多是沿线地方政府根据国家相关法律法规按属地原则负责具体的征地、房屋征收及青苗补偿等工作，大都采用单价包干、费用按实报实销方式由项目业主承担，管线迁改工作一般由项目建设单位自行负责。

2011 年，项目管理中心按传统的高速公路征地拆迁模式启动与珠海市征地拆迁合同的商谈工作，但双方在包干单价、包干内容等方面存在较大分歧，至 2012 年 1 月，历经一年多的时间，双方仍未能达成一致意见。此时，港珠澳大桥其他建设主体均已陆续开工，建设时间紧迫，珠海连接线必须尽快开工建设。考虑到项目征地拆迁时间紧、任务重，且协调难度巨大，管理中心及时调整策 略，首创提出以“总包干”模式与地方政府开展商谈，同时积极寻求上级单位支持，以加快推进项目征地拆迁工作。2012 年 2 月 12 日，广东省政府在珠海召开项目建设专题协调会议，明确为加快推进珠海连接线工程建设，要求珠海市以项目批复概算中对应的土地、青苗等补偿标准和安置补偿费金额等内容负责珠海连接线项目全部征地拆迁工作。

按照会议精神，在广东省发展与改革委员会和广东省交通运输厅的直接指导下，珠海连接线管理中心与珠海市人民政府加紧磋商，逐条确定总包干合同条款。2012 年 2 月 17 日，双方正式签订了珠海连接线项目征地拆迁总包干合同，明确了双方的责任和义务，为珠海连接线项目 2012 年 7 月顺利开工建设奠定了基础。（图 5.2–1、图 5.2–2）。

图 5.2–1 总包干合同签约仪式

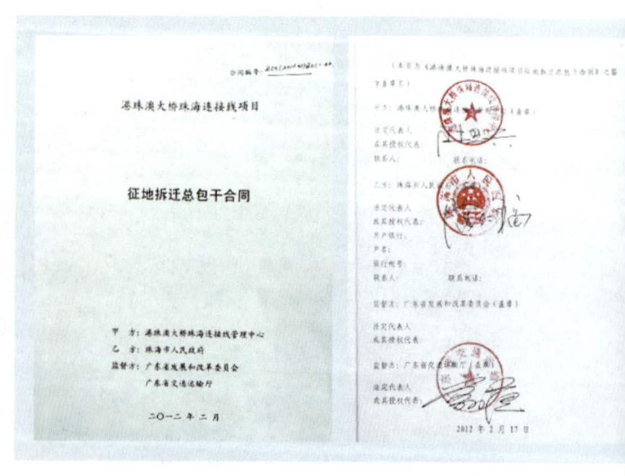

港珠澳大桥珠海连接线项目

征地拆迁总包干合同

甲 方：港珠澳大桥珠海连接线管理中心
乙 方：珠海市人民政府
监督方：广东省发展和改革委员会
广东省交通运输厅

二〇一二 年 二 月

图 5.2–2 征地拆迁总包干合同

5.2.2 总包干的范围和内容

珠海连接线项目征地拆迁总包干模式是由项目建设单位作为甲方，提出征地拆迁工作的范围、内容及时间节点要求，按照批复概算中对应的土地、青苗等补偿和安置补偿费金额作为征地拆迁总包干费用。总包干合同费用不因征地拆迁数量变更、补偿标准调整、政策变化及出现不可预见情况等任何原因而增减。

由地方政府即珠海市人民政府作为总包干乙方，负责完成珠海连接线项目涉及的征地拆迁、安置补偿工作及其他与本项目征地拆迁、安置补偿等相关的全部工作（含征拆引起的不可预见因素）。同时，为督促征地拆迁总包干甲、乙双方履行好总包干合同约定，由广东省发展与改革委员会和广东省交通运输厅作为总包干合同的监督方。

征地拆迁总包干征地范围包括高速公路主线用地、互通立交用地、管养及救援配套设施用地、辅助道路用地、经批准的设计变更新增用地、工程建设过程零星补征用地及用海、施工临时用地、隧道施工用地、改路改沟、施工便道及因征地拆迁需完善地方公共设施等所需的土地。

5.2.3 总包干模式推进中的成效

签订珠海连接线征地拆迁总包干合同后，珠海市迅速成立了珠海连接线项目征地拆迁工作领导小组（市主要领导任领导小组组长，下设由 7 个工作组组成的办公室，由香洲区区长任办公室主任），专门制定针对项目的规章制度，细化节点目标，明确责任，积极研究部署，高效推进征地拆迁工作。在各方的共同努力下，2013 年 12 月底基本按要求的节点时间完成了用地报批并提交施工用地，较好地满足了项目建设施工用地需求。

按照征地拆迁总包干合同约定，项目管理中心自 2012 年 3 月起分批次及时支付给珠海市人民政府征地拆迁费用。在项目征拆总包干经费内高效完成整个项目的征地拆迁工作，且略有盈余。

5.3 征拆工作经验总结

5.3.1 征地拆迁总包干实践中的经验教训

5.3.1.1 合理、准确测算征地拆迁概算费用是推行总包干模式的重要基础

珠海连接线项目工可阶段的工作由港珠澳大桥前期工作协调小组办公室完成。

2009年1月，项目管理中心接手项目建设任务。在初步设计阶段，发现项目工可批复的相关征拆费用仅为4.22亿元，按照周边当时的房价及土地价格，该费用显然无法完成项目的征地拆迁工作。为此，管理中心一方面要求项目的中标设计单位现场实地丈量房屋拆迁面积，核实房屋类型，采用物探等技术手段尽量摸清所涉地下管线的分布情况，管理中心征地拆迁部、工程管理部等部门技术人员进行抽查复核；另一方面，委托第三方测绘单位对项目沿线建筑物和管线等情况进行统计，对设计院的调查数据进行校核，确保数据的真实、详实、可靠。在取得一手数据的基础上，根据相关法律、法规，结合当地类似工程征地拆迁的实际情况，合理确定征拆补偿标准。通过认真测量，严谨论证，最终核实珠海连接线相关的征地拆迁费用为30.53亿元，并积极向上级主管单位及时反馈，得到交通运输部和国家发改委的认可和批复，为项目采用征地拆迁总包干模式奠定了重要的基础。

5.3.1.2　签订权责清晰的征拆合同是总包干模式推行的重要依据

2012年之前，广东省高速公路征地拆迁尚无总包干模式。为准确界定征拆总包干模式下甲乙双方的责任，减少相互扯皮、推诿现象，避免影响后续征地拆迁工作的开展，管理中心和珠海市相关职能部门在省发改委、省交通运输厅的直接指导下，按照《中华人导共和国土地管理法》及其实施条例、《广东省实施〈中华人民共和国土地管理法〉办法》和《中华人民共和国合同法》《国有土地上房屋征收与补偿条例》等有关法律法规，对征拆包干范围、内容、费用及支付方式、时间节点及各方的权利、义务进行了明确约定。

珠海连接线管理中心作为总包干合同的甲方，主要负责提供征地范围界线图及有关数据，提供用地报批材料，提出施工用地的交付时间。按合同规定的期限和支付方式向乙方支付合同费用，并监督合同费用专款专用。同时协助乙方定期召开征地拆迁协调会议和处理征地拆迁过程中出现的问题；协助乙方开展过程审计工作，确保项目征地拆迁的廉洁高效；协助乙方开展项目征地拆迁资料整理归档工作。

属地政府珠海市人民政府作为总包干合同的乙方，主要负责珠海连接线项目涉及征地拆迁、安置补偿及其他与本项目征地拆迁、安置补偿等有关的所有工作，按时向甲方交付本项目所需土地，办理项目土地使用证并支付与本项目征地拆迁有关的所有税费（包括按法律法规规定应由甲方负责缴纳的税费），解决在征地拆迁过程中发生的任何问题、矛盾和干扰、阻工及上访现象。

5.3.1.3 属地政府高度重视是总包干模式顺利推行的根本保证

港珠澳大桥项目是国家重点工程，珠海市人民政府高度重视港珠澳大桥珠海连接线项目的征地拆迁工作，从组织机构、制度、廉政、效能等方面进行了全面建设，积极推进项目征地拆迁工作。

（1）成立专门组织机构

按照征地拆迁总包干合同约定，珠海市针对项目成立专门的珠海连接线项目征地拆迁工作领导小组。征地拆迁工作领导小组由市政府主要领导担任组长，主管副市长担任常务副组长，市国土、规划、交通、市政园林、审计、香洲区和街道办等市相关单位领导任组员。领导小组下设办公室，由香洲区区长任办公室主任，办公室由管线迁改组、征收补偿组、安置房建设组、维稳和群众工作组等 7 个专职工作小组组成，负责完成具体征地拆迁日常任务，及时协调并解决相关征地拆迁问题。此工作机构保证了征拆工作上的政令畅通和重大事项协调的及时性、有效性、权威性，缩短了地方政府内部单位之间的协调时间，大大地提高了工作效率，为本项目征地拆迁工作的高效推进奠定了坚实的基础。

同时，涉及的湾仔街道办、拱北街道办、南屏镇等基层单位均成立相应的征地拆迁工作小组，设立协调、维稳、督查、综合 4 个工作小组，加强与各单位沟通，建立联动机制，合力为珠海连接线项目建设做好服务。

（2）制定专项工作制度

总包干合同签定后，为加快推进珠海连接线项目征地拆迁工作，珠海市港珠澳大桥珠海连接线项目征地拆迁工作领导小组办公室先后制定了《港珠澳大桥珠海连接线项目征地拆迁总包干费用使用管理暂行办法》《港珠澳大桥珠海连接线项目征地拆迁工作领导小组办公室会议制度》《港珠澳大桥珠海连接线项目迁移工程实施管理办法》《港珠澳大桥珠海连接线项目管线迁改及临建应急工程实施管理试行办法》《港珠澳大桥珠海连接线项目征地拆迁范围内资产评估实施办法（试行）》《港珠澳大桥珠海连接线项目征地拆迁残值分类管理暂行办法》《港珠澳大桥珠海连接线项目征地拆迁跟踪审计实施意见（试行）》等多个专项工作制度并报市政府批准实施，优化工作流程，规范日常管理。

同时，制定了《港珠澳大桥珠海连接线项目征收补偿工作方案》《港珠澳大桥珠海连接线项目农村集体生活生产自留用地上房屋征收补偿方案》《港珠澳大桥珠海连接线项目国有土地上房屋征收补偿方案》《港珠澳大桥珠海连接线项目征地农民及世居居民房屋征收补偿方案》等多个补偿（工作）方案，并对外公布，使相关的补偿更加透明、规范。

（3）及时召开征拆会议，研究解决问题

为加快征地拆迁进度，确保按时完成拆迁任务，珠海市珠海连接线项目征拆办按照《港珠澳大桥珠海连接线项目征地拆迁工作领导小组办公室会议制度》的要求召开例会（在征拆工作大部分完成后，每月召开一次例会），专门听取各组工作进展情况汇报，研究解决相关征拆问题。为严肃例会纪律，除落实请假制度外，对会议确定推进的事宜，采取“用监督倒查作风，以问责促进执行”的工作模式，列入市府督办工作范围，在加强行政效能监察，大力加快征拆进度等方面，取得了较好的效果。

（4）依法依规实施清拆

为严守“两违”、整治“零增长”目标和确保珠海连接线项目建设的顺利推进，地方各职能部门密切配合，联合开展整治行动，及时阻止违法占地行为的蔓延。对于红线范围内的违章建筑，珠海市相关部门按照法律程序进行取证、公告等程序后，依法进行了清拆。2013 年 2 月，按照珠海市珠海连接线项目征拆办的部署，湾仔街道办多次牵头，联合市公安、市国土、市行政执法、市政法、市园林、市供水、市供电、市公证等相关部门，组织南联、连屏股份合作公司与社区居委会等 300 多人，对加林山隧道南联村、连屏村洞口红线范围内的青苗、地上附着物及违章建筑开展联合清拆行动，共清理土地 2.736 万 m^2，顺利完成了加林山隧道两端洞口及进出便道土地征收工作（图 5.3–1、图 5.3–2）。

图 5.3–1　联合对隧道洞口实施清拆行动

图 5.3-2 线位穿越区域房屋航拍图

（5）多措并举，确保征拆廉洁

项目征拆工作补偿资金巨大，涉及测绘丈量、工程设计、预算造价、招标投标、资产评估等多个环节、多个部门，容易发生腐败问题。珠海市政府及珠海连接线管理中心采取多种措施，规范征拆工作的开展。一是完善制度。除制定针对项目的工作制度外，还专门制定了《港珠澳大桥珠海连接线项目征地拆迁职务犯罪专项预防工作方案》《港珠澳大桥珠海连接线项目征地拆迁跟踪审计实施意见（试行）》等制度，从制度层面监督征拆行为和征拆费用的使用。二是进行征拆工作廉政风险排查。珠海市珠海连接线项目征拆办对征地拆迁各环节、各岗位系统进行了廉政风险排查，共排查出廉政风险点 646 个，并有针对性地制定了防范措施。三是强化廉政教育，预防职务犯罪。珠海市珠海连接线项目征拆办联合检察机关加强对职务犯罪易发多发环节的预防工作，定期组织开展廉政谈话和宣教活动。香洲区主要领导带头向征拆办全体工作人员和设计、施工、评估、测绘等单位负责人，以及股份合作公司董事会全体成员作廉政教育辅导。通过多层次的廉政警示教育，不断增强参与征拆人员的防范意识。四是全过程跟踪审计，保障资金安全。按照“拆迁项目实施到哪里，资金运用到哪里，审计监督服务就到哪里”的原则，制定并实施《港珠澳大桥珠海连接线项目征地拆迁跟踪审计实施意见（试行）》。在广东省监察厅派驻港珠澳大桥工程监察专员办公室指导下，由审计部门专门抽调分管领导和业务骨干组成审计组，并引入社会审计中介力量，开展总包干费开支以及征拆项目方案设计、造价咨询、组织实施、资产评估、资金拨付等环节的全过程跟踪审计。五是建设单位启用动态监督体系。为确保项目征地拆迁资金专款专用，珠海连接线管理中心对征拆专项资金使用过程实行动态跟踪措施。要求珠海市政府每月汇报征拆资金累计使用情况，且在每次向项目管理中心申请征地拆迁预存款前需书面汇报上期征地拆迁资金使用动态（包括资金支付、结余情况及相关支付凭证），按季度提交征地拆迁资金专项银行账户流水账，确保专款专用。通过一系列行之有效的举措，确保了项目征地拆迁工作依法、公正、廉洁、高效，实现了廉洁征拆、阳光征拆。

5.3.1.4　合作共赢是总包干模式顺利推行的动力

管理中心虽是甲方，但作为企业，如果与地方政府硬碰硬，将极不利于项目建设的顺利推进。在实际工作中，管理中心应当与地方政府保持动态、顺畅沟通，及时反映存在的问题，同时，应秉持“合作共赢”的思维。对部分征拆难度大、周期长，且可通过技术措施来规避征拆的问题尽可能从技术层面加以解决，实现合作双赢。在项目征拆管线中有一条供澳门使用的 110KV 电缆位于桥梁承台下方，如果迁改，初步测算需 3000 多万元，而且审批周期非常长。为了不影响施工进度，珠海连接线管理中心主动会同设计单位，在和电缆产权单位商讨后，通过工程变更，实行就地保护方案。相对于迁改，就地保护方案仅花了不到 10 万元，就解决了高压电缆的迁改问题，大大节约了征拆费用，争取了时间，实现了共赢目标。

5.3.2　总包干模式在实践中的体会

5.3.2.1　工作模式转变——成立征地拆迁工作领导小组及其办公室，大大提高征地拆迁效率

在总包干征地拆迁管理模式下，由国土、规划、交通、市政园林和街道办等珠海市相关地方单位成立港珠澳大桥珠海连接线项目征地拆迁工作领导小组及其办公室，负责协调并解决相关征地拆迁问题。对业主而言，地方工作机构的成立，最大

限度地调动了地方政府征拆的主观能动性，有效地缩短了地方政府内部单位之间、业主和地方政府各单位之间的协调时间，大大地提高了工作效率。另外，专门工作机构的成立，可统筹全局、合理安排项目各项征地拆迁工作，有利于缩短各项征地拆迁所耗时间。

5.3.2.2　职能转变——主导转为监督、协调，避免了社会矛盾冲突，同时更好地保护业主

在总包干征地拆迁管理模式下，业主征地拆迁的主导职能转为监督、协调等辅助职能。项目业主不再直接与被拆迁户接触，不再全过程参与征地拆迁具体协调、谈判工作，在较大程度上避免了业主和被拆迁户的矛盾冲突，有利于“和谐征拆”，对工程建设顺利推进具有重大意义。另外，业主职能的转变，把业主的权力关进笼子里，更好地推动工程的廉政建设，在一定层面上保护了业主。

5.3.2.3　地位转变——主动变为被动，利弊参半

征地拆迁工作职能的转换，征地拆迁费用的高额提前支付，使业主地位由主动变为被动。这是港珠澳大桥珠海连接线项目征地拆迁工作的鲜明特点。业主地位的转变，在较大程度上增强了地方政府的主观能动性，更利于推动项目征地拆迁工作的开展。这对业主与地方政府沟通和过程监督职能提出了更高的要求。同时业主地位的转变，特别是“钱”权的转变，也使业主丢失牵制地方政府加快推进项目征地拆迁工作的有力法宝，使业主在与地方政府博弈中处于弱势，项目建设后期，因业主没有主动权致使个别剩余征拆工作推进缓慢。

5.3.2.4　工作侧重点转变

在征地拆迁总包干管理模式下，业主工作方式、职能和地位都发生巨大的变化，因此业主征地拆迁工作侧重点也随之变化。

（1）与地方政府建立和谐、顺畅的沟通平台

征地拆迁是政策性很强的工作，涉及部门多，又事关群众利益。被征地群众和相关的政府部门是否支持，直接影响到征地拆迁工作的质量、进度和成本。另外，在总包干征地拆迁管理模式下，业主征地拆迁职能转变为沟通、协调、督促等公关职能。因此，要形成一个合作信任的氛围，与地方政府建立和谐、顺畅的沟通平台，各方主动配合，才能将征地拆迁工作往前顺利推进。

（2）充分借助上级政府力量，在新的博弈格局中占据有利地位

与传统征地拆迁管理模式相比，总包干征地拆迁管理模式导致业主、地方政府和被拆迁户之间形成新的博弈格局。如何在新的博弈格局中占据有利地位，提高项目征地拆迁效率，是项目业主主要考虑的问题。业主虽是甲方，但在开展工作中，应主动与地方政府保持动态、顺畅沟通，及时反映存在问题，充分借助第三方（广东省高速公路建设总指挥部等上级单位）的力量，合理倒逼地方政府，顺利推进征拆工作。

（3）细化工作计划，强化过程监督

在总包干征地拆迁管理模式下，为确保地方政府按计划的时间节点交付建设用地，业主必须要求地方政府制定总体工作目标，并编制详细工作计划。同时，业主应安排专人跟进各工作计划完成情况，强化过程监督，动态掌握征地拆迁进展，才能确保地方政府按计划完成征地拆迁工作，确保工程顺利建设。

5.3.3 总包干模式在实践中的不足

5.3.3.1 效能上有进一步提升空间

征地拆迁总包干模式下，合同甲、乙双方在某些诉求上是存在矛盾的。甲方更多诉求在于按照合同要求的交地时间完成相关的征地拆迁工作，提交施工作业面；乙方会更多地考虑按照属地政府的工作流程要求，避免违规。有时决策周期相对较长，特别在征地拆迁的后期，因乙方重视程度不够，往往导致某些遗留的征地拆迁工作严重滞后。比如项目南湾互通 A、C 匝道，受道路改移和管线迁改进度滞后的影响，历时近 5 年也未能交地，虽经多次催促，但效果不佳，严重影响了项目施工的后期推进（图 5.3–3、图 5.3–4）。

图 5.3–3　A 匝道道路迁改现场

图 5.3-4　C 匝道管线迁改现场

5.3.3.2　管线费用超批复概算较多

尽管采用了多种技术手段对项目的管线进行了系统摸排，但由于项目地处核心市区，历史管线较多且复杂，部分地下管线无法准确摸排。原总包干经费中的管线迁改费用无法满足实际管线迁改的需要，超出批复概算较多。

5.3.3.3　征拆档案管理重视不够

征地拆迁档案是最终结算的重要资料，也是审计工作的重要依据。由于高速公路工程档案具有较强的专业性，属地政府在此方面往往缺乏经验，导致征拆工作中形成的过程性资料未能及时、有效、规范地进行整理归档，导致某些重要的一手资料丢失，造成无法弥补的损失。

今后在总包干模式的推广应用中，应加强地方政府在高速公路建设工程征拆专项档案工作中的管理水平，做到档案工作与征拆工作同步开展。地方政府在开展征地拆迁工作的同时，应指定具备工程建设档案管理资质和经验的人员，按照项目业主的要求和行业规范以及建设工程档案管理标准，同步开展征拆资料的收集整理及归档保管工作，确保征地拆迁资料完整、齐全、规范。同时，项目业主应加强对地方政府征拆档案归档工作的指导。

征地拆迁地方政府总包干模式的推行，关键在于责任主体的明确及征拆资金的高效使用。新模式充分利用了地方政府的各种资源优势，有效化解各种矛盾，避免了征拆资金虚高，最大限度解决了征拆工作中责任不清和推诿扯皮的问题，将业主的征拆工作风险降到了最低。在征地拆迁总包干模式下，项目业主与地方政府积极配合，高效推进项目征地拆迁各项工作。项目管理中心征地拆迁部于 2013 年 10 月 15 日被中华全国总工会授予“中国工人先锋号”荣誉称号（图 5.3–5、图 5.3–6），这是对项目征地拆迁工作的极大肯定，也是对总包干模式推行成效的高度认可。

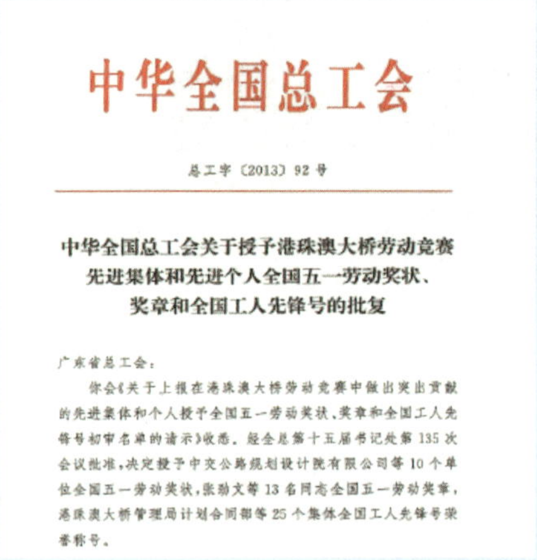

中华全国总工会

总工字〔2013〕92 号

中华全国总工会关于授予港珠澳大桥劳动竞赛先进集体和先进个人全国五一劳动奖状、奖章和全国工人先锋号的批复

广东省总工会：

你会《关于上报在港珠澳大桥劳动竞赛中做出突出贡献的先进集体和个人授予全国五一劳动奖状、奖章和全国工人先锋号初审名单的请示》收悉。经全总第十五届书记处第 135 次会议批准，决定授予中交公路规划设计院有限公司等 10 个单位全国五一劳动奖状，张劲文等 13 名同志全国五一劳动奖章，港珠澳大桥管理局计划合同部等 25 个集体全国工人先锋号荣誉称号。

图 5.3–5　全国总工会批复文件

证书

兹命名港珠澳大桥珠海连接线管理中心征地拆迁部

为“工人先锋号”。

二〇一三年十月

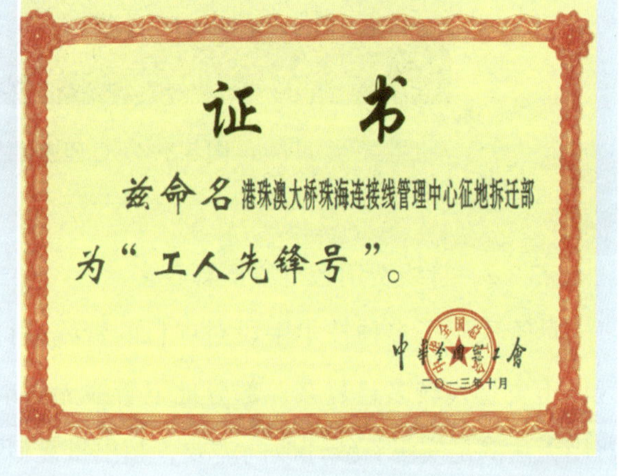

图 5.3–6　荣誉证书

第 6 章
施工安全管理

6.1 体系建设

管理中心立足项目长效安全管理，狠抓安全生产体系建设，构建科学完善的安全生产保障体系，并保证体系的有效运行，保障措施落实到位，筑牢安全生产第一道防线。

6.1.1 制度规章体系

根据项目特点及“平安工地”建设、施工安全标准化等有关要求，管理中心建立健全了各项安全生产管理制度、安全保证措施和安全操作规程，制定并下发了《安全生产监督管理办法》《安全生产责任制考核奖惩办法》《安全生产费用管理办法》等10余项安全管理规章制度（图6.1–1）。为确保制度更具针对性和实操性，管理中心进行了认真讨论、审查；并根据安全生产形势的发展，不断充实完善。在制度执行过程中进行有效的检查、评价、考核，使安全生产有章可循、有规可依。

图 6.1–1　安全管理制度

6.1.2 组织机构体系

项目管理中心及时成立了安全生产委员会和安全生产领导小组。各参建单位均设立了专门的安全管理机构，明确了分管安全生产的副总监、副经理。全线“安全生产三类人员”持证率达到100%。管理中心严把专职安全管理人员的配备关，按照年产值每5000万元配备一名专职安全管理人员的要求，配备了满足安全生产工作需要的、优秀的专职安全管理人员，形成了一级对一级负责，一级对一级监督的层次化安全管理格局，确保施工现场基层安全生产有人管、有人抓。

6.1.3 安全责任体系

管理中心在系统梳理项目建设、监理、施工单位安全生产责任的基础上，编制了《建设单位安全生产责任清单》(图6.1-2)、《施工现场安全管理“一岗双责”责任划分表》《监理人员考核办法》《安全生产责任追究办法》等，厘清责任界面，促进安全管理主体责任、监管责任和“一岗双责”的落实。通过层层签订安全责任书，层层压实安全生产责任，推动安全监管能力的提高。

建设单位安全生产责任清单及具体要求

序号	类别	责任项目	责任条款	具体要求	责任人/部门	备注及条款出处
目录			编制依据 1. 建设单位对内安全生产责任 2. 建设单位对外安全生产责任 3. 管理中心还未做好的条款内容			
编制依据			1. 《中华人民共和国安全生产法》（2014） 2. 《建设工程安全生产管理条例》（2003国务院令第393号） 3. 《公路水运工程安全生产监督管理办法》（交通部令2007年第1号） 4. 《建设项目安全设施“三同时”监督管理暂行办法》（2010国家安全生产监督管理总局令第36号） 5. 《生产安全事故应急预案管理办法》（2009安监总局令17号） 6. 《交通运输部关于开展公路水运工程“平安工地”考核评价工作的通知》(交质监发〔2012〕679号) 7. 《关于在初步设计阶段实行公路桥梁桥梁和隧道工程安全风险评估制的通知》（交公路发〔2010〕175号） 8. 《关于开展公路桥梁和隧道工程施工安全风险评估试行工作的通知》交质监发[2011]217号 9. 《公路水运工程施工企业项目负责人施工现场带班生产制度（暂行）》(交质监发〔2012〕576号) 10. 《交通运输部关于加强“平安交通”建设集中整治安全生产若干问题的意见》(交安监发〔2014〕166号) 11. 《隧道施工安全九条规定》(安监总管二〔2014〕104号) 12. 《广东省安全生产条例》（2013修订版） 13. 《关于<生产安全事故应急预案管理办法>的实施细则》粤安监〔2010〕11号 14. 《安全生产责任制考核奖惩办法》（广东省南粤交通投资建设有限公司） 15. 《安全生产监督管理办法》（广东省南粤交通投资建设有限公司） 16. 《安全生产合同》（施工、监理合同） 注：条款末尾以数字代号表明出处，如“（1-2）”表示“《中华人民共和国安全生产法》第二条”			
1	建设单位对外安全生产责任	1.1*通用条款	第一条　建设单位不得对勘察、设计、施工、工程监理等单位提出不符合建设工程安全法规和强制性标准规定的要求、不得压缩合同约定的工期，不得明示或暗示施工单位购买、租赁、使用不符合安全施工要求的安全防护用具、机械设备、施工机具及配件、消防设施和器材。	1. 编制招标文件内容须遵从此条款要求； 2. 建设单位对勘察、设计、施工、工程监理等单位签订的相关合同条款，须遵从此条规定要求； 3. 组织进行的设计变更内容，须遵从此条规定要求。	计划部	（2-7，14）
			第二条　生产经营单位委托其他机构提供安全生产技术、管理服务的，保证安全生产的责任仍由本单位负责。	1. 建设单位委托的第三方监测单位、安全协管单位共同进行安全管理的，其主体安全责任仍由建设单位负责； 2. 积极协助并及时督促、检查接受委托的专业服务机构的工作，促使其认真履行服务合同规定的义务； 3. 发现专业服务机构不认真履行职责的，应当及时提出纠正建议； 4. 对专业服务机构提出的本单位在安全生产管理方面存在的各种问题要及时处理，消除生产安全事故隐患，防止事故发生。	安管部 工程部	（1-13）从事生产经营活动的事业单位，许多事业单位实行企业化管理，其生产经营活动的安全生产，适用《安全生产法》。
			第三条　生产经营单位新建、改建、扩建工程项目的安全设施，必须与主体工程同时设计、同时施工、同时投入生产和使用（以下简称“三同时”）。安全设施投资应当纳入建设项目概算。	1. 建设单位在编制项目概算时应考虑安全设施投资； 2. “三同时”下面再详细叙述。	计划部	（1-28；4-5）安全设施，是指企业（单位）在生产经营活动中将危险有害因素控制在安全范围内以及预防、减少、消除危害所配备的装置

图6.1-2　安全生产责任清单

6.1.4 预防预控体系

管理中心通过高密度、高强度的安全检查、督查，分级分类加强事故隐患管理，把阶段性集中开展隐患排查治理转为日常性的工作，着力构建安全风险管控和隐患排查治理双重预防体系。除每月例行的安全生产大检查和安全专项检查外，经常采取不打招呼的方式，深入到各施工作业点，检查现场安全管理工作开展情况，有效地做到了安全监管不留隐患、不留死角、不留盲点（图 6.1–3）。指定专人对各类事故隐患进行汇总，建立台账，动态更新隐患整改完成情况。制定了项目建设、监理、施工单位每日安全巡查制度，建立安全微信群，现场发现隐患及时拍照上传至群内周知，并要求限时落实整改措施，大大提高了日常隐患和习惯性违规违章整改的及时性。

图 6.1–3　安全检查

6.1.5 宣传教育体系

管理中心坚持“安全生产、教育先行”，把安全教育作为建立安全生产长效机制的重要措施来抓。通过开展安全文化建设、树立安全标杆、“安全生产月”活动、安全知识考试等措施，大力度、全方位、多角度、广覆盖地开展安全宣传教育活动，使安全生产的理念贯穿施工全过程。全线按照施工安全标准化要求设立了安全生产教育宣传栏、宣传横幅、标语、警示牌、电子显示屏等，开展安全宣传教育工作，营造浓厚的安全生产氛围，起到感染和警示作用。管理中心每年均邀请有关专家对项目一线管理人员和作业人员进行安全培训，以提升实际操作水平（图 6.1–4）。

图 6.1–4　初步设计阶段安全风险评估报告审查会

6.2　施工安全措施

施工安全技术措施是实现本质安全最基本的手段。管理中心从项目技术措施上入手，及时解决施工中的安全问题，实现本质安全。

6.2.1　开展风险评估，强化风险预控

交通运输部提出在初步设计阶段实行公路桥梁和隧道工程安全风险评估的要求之前，管理中心于 2009 年就委托荷兰隧道工程咨询公司开展了拱北隧道初步设计阶段风险评估工作（图 6.2–1），从源头上规避和控制由于设计缺陷导致的安全风险，优化设

图 6.2–1　初步设计风险评估

计方案。在施工阶段及时组织开展施工安全风险评估工作，提出针对性的安全保障措施和建议，进一步落实和深化设计阶段风险评估，有效降低施工风险。

6.2.2 注重方案研究，确保本质安全

项目增加了技术设计阶段，采用三阶段设计对技术方案进行充分论证。及时成立了以王梦恕院士、龚晓南院士等国内知名专家组成的技术专家委员会（图 6.2-2），阶段性地对重大设计、施工方案进行把关，通过充分研究、论证、调整、优化，降低了工程风险，确保方案科学、合理、可靠。管理中心积极与中国地质大学、同济大学、北京交通大学等有实力的高校合作，系统解决了拱北隧道、前山河特大桥设计、施工的关键技术，较好地服务了工程建设，实现了本质安全。

图 6.2-2　专家委员会会议

6.2.3 引入风险管控，提高监管效率

管理中心在借鉴地铁建设经验的基础上，引入独立第三方施工安全风险管理机构，构建项目施工安全风险管控信息系统（图 6.2-3），为安全生产监督管理提供有效的技术措施和专业指导。通过现场安全巡视、远程视频监控、安全预警预报、安全隐患排查与整改闭合、信息发布等形式，落实参建各方职责，全面、及时地掌控风险，避免或减少安全事故，从而夯实安全生产监管工作基础，大大提升施工安全风险管控的力度、深度和效果。

图 6.2–3　风险管控系统

6.2.4　依托科技支撑，创新管理手段

项目十分重视“科技兴安”工作，不断提高机械化和信息化作业程度，确保施工安全。拱北隧道采用空间曲线管幕顶管施工（图 6.2–4），加林山隧道采用多臂液压凿岩台车开挖和水压爆破施工技术，南琴路高架桥推广“架桥机安装安全监控管理系统”，均有效地降低了施工风险。项目高危风险点实行全天候不间断远程视频监控，拱北隧道、前山河特大桥等关键工程实施第三方信息化监控量测和及时预警预报，为安全监管提供信息化支撑。

图 6.2–4　顶管顶进施工

6.2.5 推进标准化建设，提升管理水平

推行施工安全标准化，是夯实安全生产根基的最有效途径之一。管理中心严格落实交通运输部《公路水运工程施工安全标准化指南》、广东省交通运输厅《广东省高速公路工程施工安全标准化指南》的要求，全力推进施工安全标准化建设（图 6.2–5）。管理中心在桥梁盖梁施工平台、临时爬梯、防撞栏、临时用电、特种设备、支架、安全技术交底等安全生产标准化和标杆建设方面，设定了可操作、能执行的标准，规范安全管理和行为，提高安全管理水平。

图 6.2–5 施工安全标准化

6.2.6 安全费用清单化，规范安全投入

为加强项目安全生产费用管理，规范安全生产费用的提取和使用，保障施工安全，在施工单位进场后，借鉴工程量清单的做法，结合实施性施工组织设计，按 9 大类内容组织编制了各施工合同段的《安全生产费用清单》，经总监办审核后作为安全生产费用计量的重要依据。安全生产费用清单化使得费用计量更具操作性、针对性，促进了安全生产费用管理制度化、规范化、专业化、标准化，确保安全生产费用投入及时、有效，也为广东省交通运输厅出台《安全生产费用管理办法》提供了重要的实践依据（图 6.2–6）。

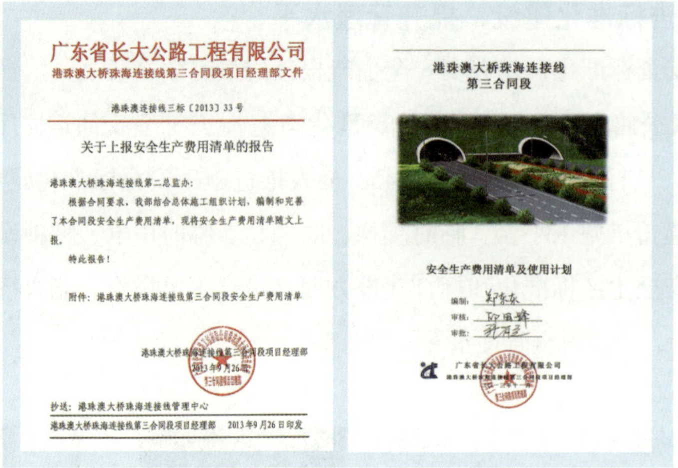
广东省长大公路工程有限公司
港珠澳大桥珠海连接线第三合同段项目经理部文件

港珠澳连接线三标〔2013〕33号

关于上报安全生产费用清单的报告

港珠澳大桥珠海连接线第二总监办：

根据合同要求，我部结合总体施工组织计划，编制和完善了本合同段安全生产费用清单，现将安全生产费用清单随文上报。

特此报告！

附件：港珠澳大桥珠海连接线第三合同段安全生产费用清单

港珠澳大桥珠海连接线第三合同段项目经理部
2013年9月26日

抄送：港珠澳大桥珠海连接线管理中心

港珠澳大桥珠海连接线第三合同段项目经理部　2013年9月26日印发

港珠澳大桥珠海连接线
第三合同段

安全生产费用清单及使用计划

编制：
审核：
审批：

广东省长大公路工程有限公司
港珠澳大桥珠海连接线第三合同段项目经理部

图 6.2-6　安全生产费用清单

6.3　平安工地建设

项目自 2013 年全面启动“平安工地”创建活动以来，各参建单位都高度重视，及时制定了活动实施方案。通过手段创新、广泛宣传、检查考核、强化监管、落实责任、隐患治理，有力推动了“平安工地”创建活动的不断深入。安全生产管理规范化和标准化水平明显提高，安全监管工作实效明显增强，创造了项目安全生产“零事故、零伤亡”的佳绩。2014 年，被列为交通运输部第四批部级“平安工地”示范创建项目（图 6.3-1），此后每年均通过广东省交通运输厅“平安工地”示范等级验收。

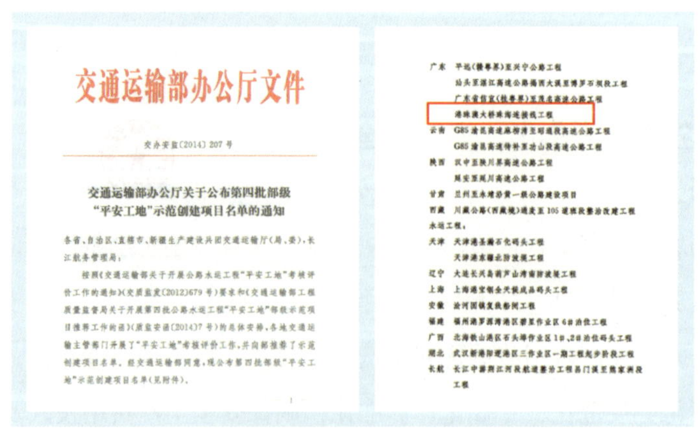
交通运输部办公厅文件

交办安监〔2014〕207号

交通运输部办公厅关于公布第四批部级
“平安工地”示范创建项目名单的通知

各省、自治区、直辖市、新疆生产建设兵团交通运输厅（局、委），长江航务管理局：

按照《交通运输部关于开展公路水运工程“平安工地”考核评价工作的通知》（交质监发〔2012〕679号）要求和《交通运输部工程质量监督局关于开展第四批公路水运工程“平安工地”部级示范项目推荐工作的函》（质监安函〔2014〕7号）的总体安排，各地交通运输主管部门开展了“平安工地”考核评价工作，并向部推荐了示范创建项目名单。经交通运输部同意，现公布第四批部级“平安工地”示范创建项目名单（见附件）。

广东　平远（赣粤界）至兴宁公路工程
汕头至湛江高速公路揭西大溪至博罗石坝段工程
广东省信宜（桂粤界）至茂名高速公路工程
港珠澳大桥珠海连接线工程
云南　G85渝昆高速嵩明清至昭通段高速公路工程
G85渝昆高速待补至功山段高速公路工程
陕西　汉中至陕川界高速公路工程
延安至延川高速公路工程
甘肃　兰州至永靖沿黄一级公路建设项目
西藏　川藏公路（西藏境）通麦至105道班段整治改建工程
水运工程：
天津　天津港圣瀚石化码头工程
天津港东疆北防波堤工程
辽宁　大连长兴岛葫芦山湾南防波堤工程
上海　上海港宝钢全天候成品码头工程
安徽　淮河固镇复线船闸工程
福建　福州港罗源湾港区碧里作业区6#泊位工程
广西　北海铁山港区石头埠作业区1#、2#泊位码头工程
湖北　武汉新港阳逻港区三作业区一期工程起步阶段工程
长航　长江中游荆江河段航道整治工程昌门溪至熊家洲段工程

图 6.3-1　交通运输部“平安工地”示范创建项目

6.3.1 夯实基础，提高“平安工地”活动实效

（1）管理中心按季度加密对监理单位、施工单位“平安工地”创建考核评价，考核结果通报其上级单位，纳入建设市场信用评价体系并与劳动竞赛挂钩，推动了“平安工地”创建的深入，保证了项目稳定、安全发展。

（2）制定了《“平安工地”建设管理及考核评价奖惩办法》，根据“平安工地”创建和施工安全标准化要求，不断修订完善项目“平安工地”建设活动实施方案。为更好地贯彻落实“平安工地”创建精神，规范“平安工地”创建管理，及时对各类“平安工地”创建文件、考核结果进行统一汇编、汇总（图 6.3-2）。

图 6.3-2　“平安工地”创建文件

（3）为更好地开展“平安工地”创建活动，管理中心要求各施工单位在驻地、施工现场等有针对性地设置宣传栏、悬挂宣传横幅，并发放带有“平安工地”宣传口号的文化衫，把创建口号、建设目标传达至施工现场一线，营造浓厚的“平安工地”创建活动氛围，为创建活动提供了思想和组织保证（图 6.3-3）。

图 6.3-3　“平安工地”创建宣传

6.3.2　创新方法，打造项目建设“平安工程”

（1）管理中心一直高度重视安全基础工作，坚持把“三基”建设作为实现安全生产的重要抓手，以积极探索“零事故班组”创建为载体（图6.3-4），下大力气抓好基础、基层、基本功建设。根据施工班组分散性和流动性特点，通过试点班组，总结推广经验，加强对班组长的动态管理，创新施工班组管理方式、方法，由单纯基础资料建设向思想建设和能力建设转变，助推“平安工地”建设。

图6.3-4　“零事故班组”建设

（2）管理中心以拱北隧道安全作业班组安全技术交底、拱北湾大桥防撞栏施工、特种设备安全管理（图6.3-5）三个标杆创建为抓手，把创建工作融入日常安全管理之中。定期组织开展“安全生产标杆”过程检查，集中讨论、研究创建工作中存在的问题，并提出改进要求，不断改进、完善、提高“安全生产标杆”创建实效，提升项目安全管理水平。

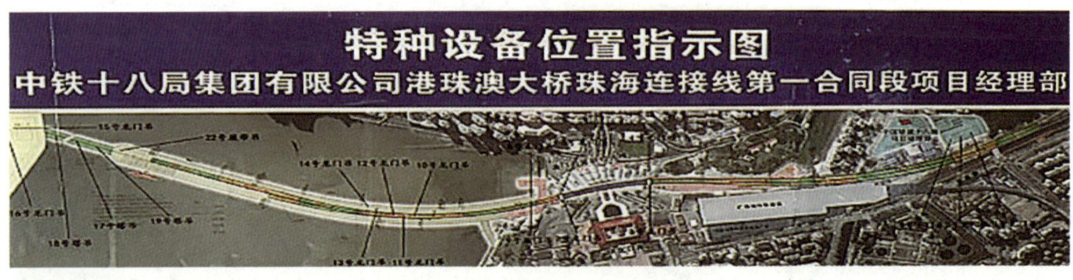

图6.3-5　特种设备管理标杆

（3）安全文化建设是实现安全管理的重要途径，也是引导安全生产发展方向的一项基础性工程。管理中心大力开展安全文化建设，突出加强安全理念、安全制度、安全行为、安全物质四方面的建设，引导全员树立正确的安全价值观，将“他律”向“自律”引导，由被动安全向主动安全转变。通过全员参与、安全信息传播与沟通、必要的资源投入三个方面的重点把控，打造项目安全文化品牌，创建安全示范性建设项目（图 6.3-6）。

图 6.3-6　安全文化建设

（4）管理中心积极主动、自觉接受珠海市相关部门的综合监管指导。开工伊始，与珠海市香洲区人民政府签订了安全生产承诺书，每月填报珠海市安全生产监督管理局“一体系三平台”隐患排查治理信息系统，积极配合珠海市安委办每个季度末开展的安全大检查及不定期进行的安全监管抽查，及时整改发现的隐患和存在的问题，实现齐抓共管（图 6.3–7）。

图 6.3–7　“一体系三平台”安全管理系统

（5）管理中心委托交通运输部科学研究院针对高风险项目在施工安全风险管控、班组安全风险管控、风险管控与“平安工地”建设一体化三个方面进行了专题研究，解决高风险项目的安全风险管理。建立施工全过程的风险管控体系，明确风险管理责任，完善风险管理制度，有效推动了“平安工地”创建和安全管理工作的深入（图 6.3–8）。

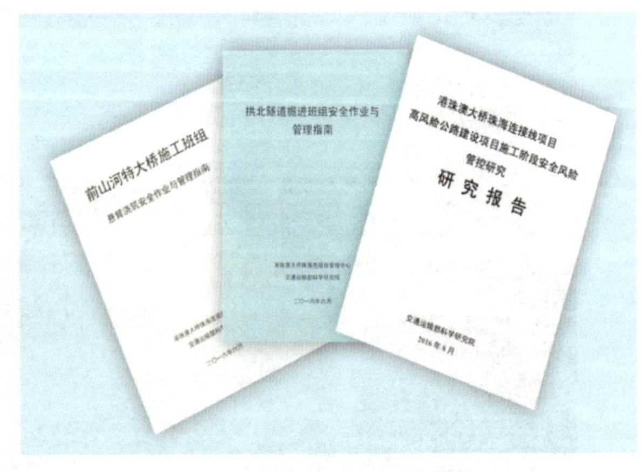

图 6.3–8　安全科研报告

（6）结合项目上级单位广东省南粤交通投资建设有限公司安全生产档案管理办法有关规定和相关档案管理标准，管理中心及时下发了《关于加强安全生产档案资料管理的通知》，对各参建单位安全生产档案资料的整理、归档等工作提出了明确的要求和标准。做到了归档齐全、完整规范、存放有序，极大地提高了项目安全管理工作的效率（图 6.3–9）。管理中心安全档案管理获评 2015 年度省南粤交通公司“安全生产档案管理”标杆。

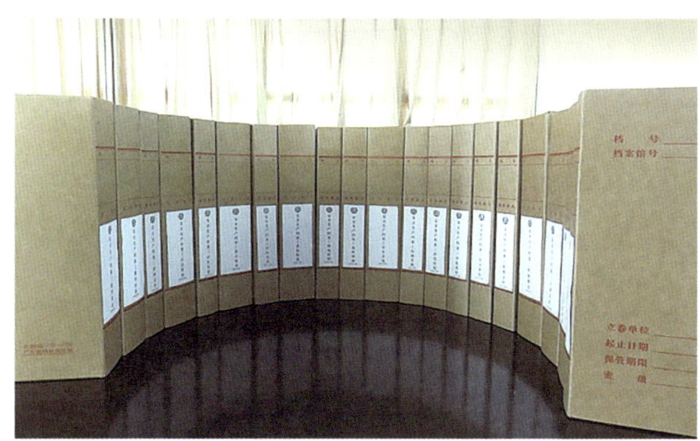

图 6.3–9　“安全生产档案管理”标杆

6.4　安全应急管理

应急管理是筑牢安全生产的最后一道防线。增强应急处置能力，一直是管理中心致力完善并不断提升的一项重要工作。

6.4.1　完善应急预案

按照“横向到边，纵向到底”的预案体系建设目标，根据工程特点，管理中心先后制订了《生产安全事故综合应急预案》《拱北隧道生产安全事故专项应急预案》《前山河特大桥生产安全事故专项应急预案》等多项应对突发事件的专项预案和现场处置方案。为确保能在最短时间内迅速、高效、有序地应对拱北隧道暗挖段施工期间发生影响口岸通关的突发事故，协助珠海市有关部门完成了《拱北隧道口岸段市级突发事件应急预案》的编制，形成了较为系统的应急预案体系，为及时、妥善处置突发事件，提供了完善的指导意见（图 6.4–1）。

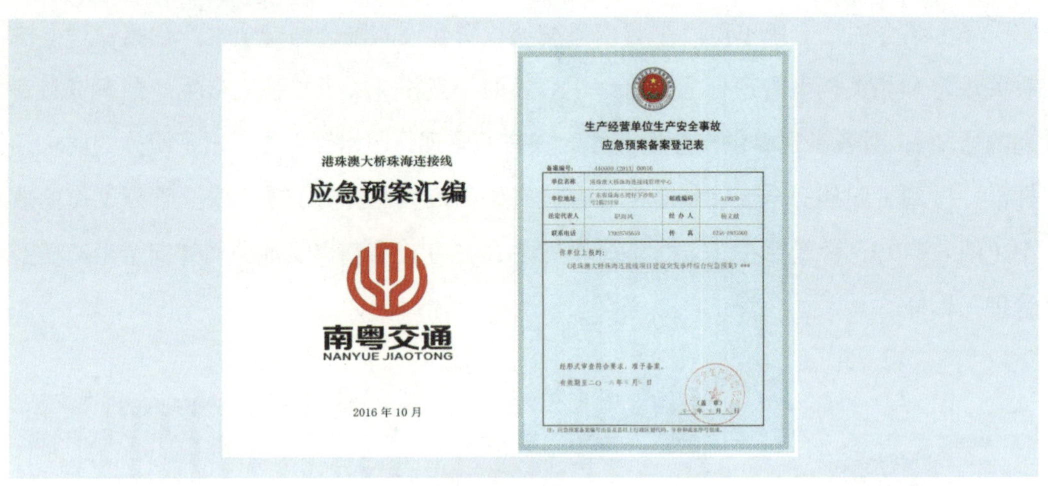

港珠澳大桥珠海连接线

应急预案汇编

南粤交通
NANYUE JIAOTONG

2016 年 10 月

生产经营单位生产安全事故
应急预案备案登记表

备案编号：

单位名称			
单位地址		邮政编码	
法定代表人		经 办 人	
联系电话		传 真	

你单位上报的：

经形式审查符合要求，准予备案。

图 6.4-1　应急预案完善

6.4.2　建立应急机制

管理中心坚持政府主导的原则，与属地政府共建应急体系，优化与地方政府相关管理部门应急联动运行机制。根据拱北隧道暗挖施工技术难度大、安全风险极高、位置敏感的特点，联合省交通运输厅与地方政府开展了拱北隧道口岸暗挖段施工突发事件应急联合演练。另外，项目处于珠江口，台风、暴雨和极端灾害性天气频发，管理中心及时与珠海市三防办开展了防御台风应急演练，充分利用地方应急资源，有力提升了项目与属地各部门的协调配合能力和应急水平（图 6.4-2）。

图 6.4-2　拱北隧道口岸暗挖段施工市级应急演练

6.4.3 强化预警预报

项目依托第三方风险管控信息平台，搭建实效性强的应急管理信息通道，确保应急信息及时准确传送。第一时间发布台风、暴雨等极端天气预警预报信息，及时向项目参建单位管理人员、作业班组、一线作业人员提供相关防御指导及注意事项，实现了应急信息的全方位发布，让预警信息真正发挥作用，切实提高应对气象灾害的防御能力。

6.4.4 落实应急值守

管理中心充分认识防台工作的重要性，坚持把“防”放在首位，“宁可十防九空，不可失防万一”，狠抓防台抗汛工作的落实。每次台风来临前，管理中心均严格落实 24 小时领导值班值守制度，并由安全生产直接责任人带队对全线驻地、工棚、材料仓库、特种设备、应急物资等开展专项检查。对检查中发现的问题，明确责任人，认真落实整改措施，及时处理，坚决消除由极端天气引起的各类安全隐患。同时，作为珠海市三防指挥部成员之一，管理中心与珠海市三防办建立三防隐患排查机制，落实责任，共同做好三防工作。

6.4.5 高效应急处置

顶管涌水实拍

拱北隧道由于地质条件复杂、施工技术难度大、风险极高，在暗挖段顶管顶进及明挖段开挖过程中，9 号、16 号、17 号、21 号、22 号顶管等曾发生过涌水事件（顶管涌水可扫描二维码了解）。2015 年大年初一，拱北隧道海域明挖段 55 节段突发涌水，出水量最大达到每小时约 300m^3。但项目管理者正确判断险情，高效应急处置，在短短的几个小时内就成功封堵涌水，化险为夷，最大限度减少了财产损失，有效降低了涌水对周边环境的影响，保证了拱北口岸春节期间的通关安全（图 6.4-3）。

图 6.4-3　高效应急处置

6.5　文明施工管理

文明施工是展示项目建设形象的窗口。管理中心以创建文明工地建设为载体，统筹规划、分步实施，打造品质工程，全面提高施工现场文明施工管理水平。

6.5.1　规范管理，保障投入有效

为规范项目施工期间施工环保费的使用、审核、计量，管理中心制定了《文明施工环保和水土保持考核办法》，明确考核标准，对各施工单位开展文明施工、环境保护、水土保持的检查考核工作。根据考核等级支付相应比例费用，保障施工环保费用得到及时有效的投入和使用，最大限度地减少施工对环境的污染和影响，营造文明、和谐、安全、环保的施工环境。

6.5.2　以点带面，落实文明施工

按照《施工安全标准化指南》要求，为促进项目安全文明施工水平实质性提升，由管理中心统一组织、总监办参与、各施工单位作为实施主体，各自创建文明施工示范点，重点从场地布局、宣传标识、环境卫生、文明施工、物料堆放和围挡防护等方面入手，实现场容场貌和施工形象的提升（图 6.5-1）。

图 6.5-1　文明施工示范点创建

6.5.3　统筹兼顾，全面推进工作

项目主线桥和匝道桥跨市区交通主干道十余次，沿线车流量大、人员密集，对施工垃圾、噪音、扬尘等控制要求高，因此强化文明施工管理对营造良好的市容市貌环境尤为重要。管理中心根据珠海市市容市貌专项整治工作以及统一文明施工标准的要求，督促施工单位科学制定交通疏导方案，对于人流量密集的路口，在中央分隔带处采用重力式混凝土防撞墩进行改道隔离；沿线围蔽区域增设交通警示标志标牌、警示灯及交通诱导设施。同时增加洒水车辆，每天对路面进行洒水除尘，安排作业人员专门负责现场日常维护，切实做到责任到人，把项目文明施工工作抓好抓细抓实（图 6.5-2）。

图 6.5-2　南琴路文明施工

6.6　安全管理经验总结

6.6.1　安全管理存在的不足

近年来，各级政府对安全生产工作重要性的认识达到了前所未有的高度，法规制度体系不断完善，安全管理水平有了大幅度提升。但我们也必须清醒地认识到，项目安全管理工作开展的深度、广度、成效还不够，甚至出现个别单位只注重效益、安全意识不强、管理制度不完善、人员配备和管理经验不足、管理局部存在缺失、措施落实不到位等问题，安全管理工作仍面临着严峻的挑战。主要有以下一些问题：

（1）“一岗双责”落实不力

责任落实机制不够完善。各级管理人员“一岗双责”落实情况不到位，未做到齐抓共管。施工现场管理人员未能认真履行“一岗双责”的职责，安全意识差，认为安全就是安全管理人员的事，对现场作业中存在的习惯性违章和一些隐患问题不敏感、不制止、见怪不怪。

（2）施工单位主体责任意识不强

安全生产主体责任有待进一步落实。安全生产本应由施工单位来主抓，但现在感觉“上热下冷”“头重脚轻”，施工单位缺少抓好安全生产的主动性。个别单位安全基础工作较薄弱，安全管理人员配备不足、安全教育培训流于形式、隐患排查不深入、整改不力、走过场、存在安全管理松懈现象。

（3）监理单位安全监管不严

安全监理形同虚设，未起到应有的作用。监理单位安全监管力量配置低，安全监管职能难以发挥，致使其难以充分履责，对现场的安全管理起不到应有作用。部分监理人员对安全监理的重要性认识不足，责任心差，不能及时发现问题并督促施工单位进行整改。

6.6.2 加强项目安全管理的建议

安全生产，责任重于泰山。高速公路建设涉及点多面广，安全管理工作繁杂。为保证工程建设顺利实施，必须建立一套完善的安全生产保障体系，坚决贯彻“高标准、严要求”的理念，早定位、早谋划，依托“平安工地”建设和落实“施工安全标准化”要求，把预防事故作为安全管理的核心，在过程中着重抓好隐患排查治理工作，通过严格奖惩和严肃问责等手段确保安全管理目标的实现。

（1）健全安全管理体系

建立健全和强化安全生产体系是构建安全生产长效机制的重要保证；安全生产体系正常运转是决定安全管理工作效能的关键。要切实增强安全生产工作的责任感和使命感，建立健全高效顺畅的安全管理体系，通过逐级细化安全责任、落实安全措施、及时整治隐患、责任追究等，进一步强化项目安全生产保障能力，全面提升安全生产管理水平。

（2）落实施工安全标准化要求

落实《公路工程施工安全技术规范》和《公路工程施工安全标准化建设指南》要求是安全管理的工作重心。要以强有力的手段推动施工安全标准化落到实处，完善制度、细化标准、夯实基础、强化基层，真正把安全生产放在首位。全面落实“一岗双责”，并健全检查和监督机制，坚持标准、毫不动摇，确保施工安全标准化建设工作开展常态化。

（3）进一步深化隐患治理

定期或不定期开展各种安全检查，检查动真格，不走过场。重点针对排查出的重大隐患，加大督促整改力度，做到谁排查、谁签字、谁负责，采取有效措施狠抓落实，确保按时完成整改工作。对现场安全隐患多、管理问题突出的单位要严肃惩罚、严厉问责、绝不留情。对隐患严重的施工工地，该整改的整改，该停工的停工，该处理的依法处理，使检查和监管始终处于高压态势。

第 7 章 质量管理

7.1 体系建设

7.1.1 以制度建设为龙头，高标准、严要求开展质量管理工作

项目筹建之初，管理中心就确定了较高的质量管理目标，并在项目建设管理工作大纲中予以明确。同时，结合项目实际情况，在吸收其他高速公路管理经验的基础上，制定并印发项目管理手册，严格推行广东省“双标管理”。开工后，管理中心结合项目进展和特点，先后成立了质量管理小组、标准化考核小组及项目创优小组，以针对性、实操性为原则，对质量管理制度及时进行修订，先后补充完善了《业主代表工作指南》《人工岛施工管理办法》《优质优价及优监优酬评比办法》《材料管理实施细则》《混凝土拌和站同步数据传输系统管理办法》《监控量测管理细则》等一系列质量管理制度，并在工程实践中逐步加以完善。以完善的制度管人管事，高标准、严要求开展质量管理工作（图 7.1–1）。

珠海连接线
ZHUHAI LINK ROAD

港珠澳大桥珠海连接线
工程管理手册
（修订稿）

港珠澳大桥珠海连接线管理中心
二〇一五年十二月

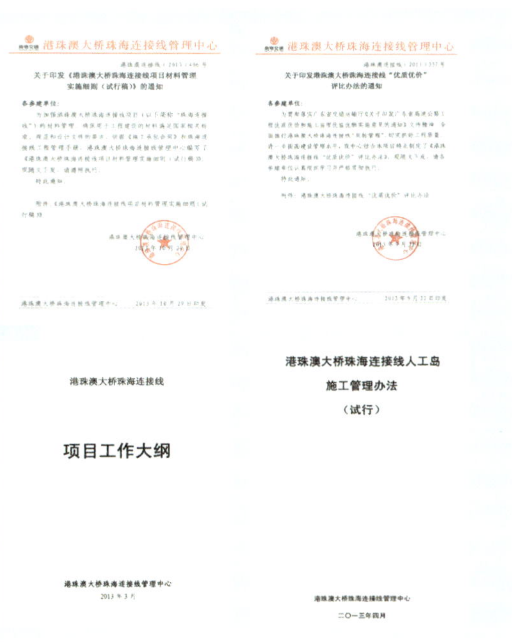

港珠澳大桥珠海连接线管理中心

关于印发《港珠澳大桥珠海连接线项目材料管理实施细则（试行稿）》的通知

港珠澳大桥珠海连接线管理中心

关于印发港珠澳大桥珠海连接线“优质优价”评比办法的通知

港珠澳大桥珠海连接线

项目工作大纲

港珠澳大桥珠海连接线管理中心
2013年3月

港珠澳大桥珠海连接线人工岛
施工管理办法
（试行）

港珠澳大桥珠海连接线管理中心
二〇一三年四月

图 7.1–1 系列管理制度摘选

7.1.2 以质量管理体系建设为重点，强化责任意识

管理中心始终注重参建单位质量管理体系建设工作，采取多项措施和手段来促进项目质量管理体系的健康发展。一是引入第三方试验检测中心，采取试验检测与监理分离模式，有效保证试验检测数据的公正性。二是落实项目质量管理责任登记制度，分步骤、分层次明确包含管理中心在内的参建单位之间、单位内部之间的管理责任，细化了分项、分部工程的质量责任分工。三是制定参建单位主要人员的考核制度。根据工作成效，按季度对主要管理人员进行考核，考核成绩与绩效工资挂钩，并将考核结果通报至其上级主管单位。四是制定季度质量通报制度。以省质监站、省南粤交通公司检查结果为主要依据，参考工地大检查结果，对各标段当季度信用评价情况进行动态评分。同时，对反复出现或重大的质量问题一并通报至各标段上级单位和省南粤交通公司，强化各标段上级法人单位对施工现场管理成效的督导力度。五是强化责任追究。对于出现的质量问题严格追究责任人的管理责任。六是实行管理人员准入和退场审批制度，保证质量管理人员的专业素养和队伍稳定（图 7.1–2）。

图 7.1–2　独立试验检测中心、监理人员考核办法及季度质量安全通报

7.2 工程质量管理措施

7.2.1 规范各单位质量管理行为

管理中心充分利用日常巡检和工地大检查，加大对现场的过程管控力度。每次工地大检查均按照省质监站检查方式进行现场通报、清单限时整改、责任到人，并将检查结果与当季度优质优价评比结果挂钩，要求总监办加大对现场问题整改的跟进、督促力度。同时，管理中心组织每季度对各参建单位进行一次质量全面检查，检查侧重于关键工序质量把控及细节落实，规范各单位质量管理行为（图 7.2-1）。

港珠澳大桥珠海连接线第一合同段质量安全检查整改情况汇总表（2015.1）

序号	工区	存在问题	整改要求	整改计划完成日期	施工单位责任人	监理单位责任人
1	桥梁工区	13号平台临边防护拆除后未设置警示标志	增加警示标志	1月26	宫大辉	耿昌月
2	桥梁工区	9号平台桩孔未进行覆盖	及时进行覆盖（处以相应罚款）	1月26	宫大辉	耿昌月
3	桥梁工区	7号墩围堰上下简易爬梯不符合要求	重新加工符合要求的简易爬梯	1月31	宫大辉	耿昌月
4	桥梁工区	栈桥匝道两侧未及时设置临边防护	增加临边防护（处以相应罚款）	1月26	宫大辉	耿昌月
5	东工区	HJD12施工现场文明施工差，半成品钢筋锈蚀严重	对杂物进行清理，半成品钢筋按要求上盖下垫（处以相应罚款）	1月31	闫安民	吴理雄
6	东工区	工作井钢筋加工场龙门吊行程限位器损坏	及时更换	1月31	闫安民	吴理雄
7	东工区	HJD9北侧防水板接缝老化脱开，南侧地连墙铁皮为清理	脱开的防水板重新接缝处理，地连墙残留铁皮在防水板施工前予以全部清除	1月31	闫安民	吴理雄
8	东工区	HJD37南侧墙防水板水平接缝脱开	重新进行防水板接缝施工	1月31	闫安民	吴理雄
9	东工区	防水材料存在混堆现象，并且标示牌未及时更新检测状态	材料分类堆放，标示牌及时更新	1月31	闫安民	吴理雄
10	西工区	LJD35底板施工现场配电箱无责任人签字及日常检查记录	完善责任人签字和日常记录，并对其他配电箱进行排查完善相应记录	1月31	秦文艳	王嘉陵
11	西工区	LJD8上下楼梯不符合安全要求	设置标准上下楼梯（处以相应罚款）	1月31	秦文艳	王嘉陵
12	西工区	LJD9底板保护层垫块不规范	安装高强度水泥砂浆垫块	1月31	秦文艳	王嘉陵
13	西工区	钢筋加工场内废料未及时清理，钢边止水带未入库存放	对废料进行及时清理，防水材料全部入库存放（处以相应罚款）	1月31	秦文艳	王嘉陵
14	西工区	LJD8南侧墙钢筋保护层合格率35%	对钢筋进行重新调整，合格率达到要求	1月31	秦文艳	王嘉陵
15	西工区	LJD8水平施工缝凿毛未达到规范要求	重新凿毛，表面浮浆清理干净露出骨料（处以相应罚款）	1月31	秦文艳	王嘉陵
			西工区4人未正确佩带安全帽（处以相应罚款）			

港珠澳大桥珠海连接线管理中心

港珠澳连接线工〔2017〕350 号

港珠澳大桥珠海连接线管理中心关于 2017 年第二季度质量检查情况的通报

珠海连接线第一、路面合同段，珠海连接线第一总监办，珠海连接线试验检测中心：

2017 年 6 月 20 日，管理中心对项目各参建单位进行了 2017 年第二季度质量大检查，现将检查发现的主要问题和有关要求（具体详见附件）通报如下：

一、主要问题

（一）质量管理体系方面

第一合同段质量管理体系运转不畅，近期多次检查发现项目部对工班的控制力偏弱，内部各部门职责不清，自检、报检程序流于形式，自检标准、问题的整改落实不力，第一总监办工序验收不够严格，日常巡查及旁站制度的落实仍需进一步加强，试验检测中心与总监办的沟通、信息交换不够及时。

（二）原材料及试验室管理方面

1. 第一合同段原材料进场、自检体系流于形式，未能按要求做好原材料质量管控，原材料质量波动较大，本次检查共发现两批次 5-25mm 碎石含泥量和级配不符合规范要求，要求第一总监办督促第一合同段将不合格原材料清场，按照《港珠澳大桥珠海

1

图 7.2-1　工地检查问题清单、中心对参建单位季度质量大检查通报

7.2.2 严格落实首件制

严格落实首件验收制度，规范首件验收程序。各分项工程大规模施工前，及时组织专家、上级单位及各参建单位对首件（试验段）进行总结，解决首件施工中存在的问题，为大面积施工奠定基础。同时，按照“品质工程”相关要求，管理中心充分借鉴土建工程首件制的指导意义，积极在项目机电、交安等附属工程中推行“首件制”，有效提升了项目附属工程的施工质量（图 7.2-2）。

图 7.2-2　土建工程、机电工程首件验收会议

7.2.3　多措并举，严格合同管理

管理中心以合同为依据，充分利用经济杠杆等措施，采取返工、奖优罚劣、通报、约谈上级单位法定代表人、清退等多种手段进行质量管理。为提升参建单位积极性、营造争先创优氛围，管理中心一方面要求总监办将检查结果及问题写入检查通报，作为当季“优质优价”奖金评比的依据，落实月度工地检查结果与“优质优价”奖金挂钩制度，同时通过“优质优价”增设“质量管理创新奖”奖项，每季度（半年度）开始之前，根据项目实际进展情况，设置相应的“实体标杆奖”并预留丰厚奖金，充分

鼓励标段采用新工艺、新工法积极打造实体标杆工程，努力提升工程实体质量。在建设管理过程中，通过返工处理提高人员的质量意识。(图 7.2-3)。

图 7.2-3　项目建设过程中箱梁、墩柱、防撞栏返工照片

7.2.4　以原材料管理为关口，加强源头控制

管理中心高度重视原材料管理。一是项目初期即颁布了原材料管理实施细则，实行原材料进场、检验、审批及不合格材料退场等程序制度化。二是加强原材料的抽检力度，特别是独立第三方的抽检力度，对不合格原材料实行零容忍制度。三是加强甲控材料管理，依照交通运输部、省质监站有关质量和材料检查通报，并调研省内在建高速公路项目的材料使用情况，严格审查施工单位上报的供应品牌。四是加强砂源管理，杜绝海砂。施工单位进场后，由监理单位组织业主、第三方检测单位、施工单位对砂源地进行实地考察和取样检测，合格后方可准许供应。在施工过程中，要求各标段加强对氯离子的检测，严格监控异常情况。五是及时从源头处理不合格材料。对于施工过程中多次出现问题的原材料，管理中心及时组织总监办、施工单位到原材料生产地实地考察以了解实际情况，对于质量管理相对薄弱且多次出现原材料不合格生产厂家，明确要求不得供料（图 7.2-4）。

图 7.2-4　项目建设过程中参建各方到砂场、沥青库取样检测

7.2.5　以科研为支撑，加强技术质量管理

科技是第一生产力。作为项目的两大关键控制性工程——拱北隧道和前山河特大桥，其建设条件复杂，类似工程不多，可供借鉴经验较少，施工难度前所未有。管理中心立足于科研为设计、施工服务的思想，紧密依托项目实际，积极申报各项科研课题，成功开展了包括顶管、冷冻、波形钢腹板等一系列科研课题研究，相关成果相继应用于设计及施工当中，为新技术、新工艺在实施过程中的质量控制提供了技术支撑。同时，定期组织召开专家会议，及时总结科研成果并应用于现场，解决施工中遇到的各种技术难题，实现了科研指导施工的目标（图 7.2-5、图 7.2-6）。

交通运输部建设科技项目
任务书（合同）

广东省交通运输厅科技项目
任 务 书（合 同）

图 7.2-5　桥梁科研课题中期评审会及项目部分科研项目任务书

图 7.2-6 拱北隧道技术专家委员会工作会议

7.2.6 引入先进设备工艺，大力推行机械化施工

随着经济的发展和社会的进步，先进的设备和工艺愈发重要，也逐渐成为标准化施工的保证。项目开工以来，管理中心不遗余力地积极推动先进设备的引入工作，大力推行机械化施工。如项目 2012 年开发了富水砂砾软土互层顶管设备进行拱北隧道顶管施工，顶管管节加工引入数控切割机床（图 7.2-7）、卷管机及自动埋弧焊等设备（图 7.2-8）；2014 年—2015 年加林山隧道施工先后引入湿喷设备、水压爆破、多臂凿岩台车（图 7.2-9）、隧道养护台车、隧道路面整幅滑模摊铺设备（图 7.2-10）等，并

图 7.2-7　富水砂砾软土互层顶管设备、顶管管节数控切割机床

图 7.2-8　顶管卷管机、自动埋弧焊设备

图 7.2-9　山岭隧道多臂凿岩台车、大型湿喷设备

图 7.2-10　山岭隧道混凝土路面全幅滑模摊铺设备

适时开展了隧道机械化施工相关工艺研究和探索，初步形成了成套施工技术工法；桥梁施工中引入滚焊机、数控加工设备（图 7.2–11）、模板布施工工艺（图 7.2–12）、智能张拉压浆系统（图 7.2–13）、整体化层整幅施工设备等，切实提高桥梁实体工程施工质量。

图 7.2–11　桥梁施工采用的滚焊机及数控加工设备

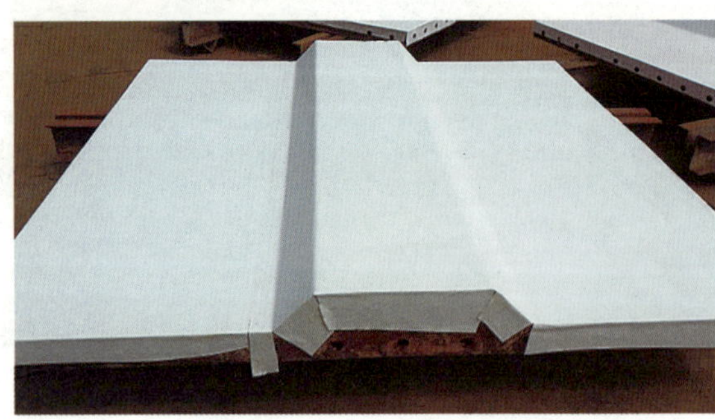

图 7.2–12　海中桥梁施工采用的模板布施工工艺

图 7.2-13　桥梁施工采用的智能压浆系统及智能张拉系统

7.2.7　大力推行信息化管理

管理中心积极树立现代管理理念，大力推行信息化管理：一是在全线混凝土搅拌站均安装了混凝土搅拌站数据实时传输系统，并制定了相应的管理办法，减小了混凝土拌和下料误差，有效地控制了混凝土施工配合比（图 7.2-14）；二是全线工地试验室在全省率先统一安装了力学设备数据自动化采集系统，极大地减少了试验室力学试验数据造假现象；三是针对项目施工风险高的特点，引入第三方风险管理单位，搭建了

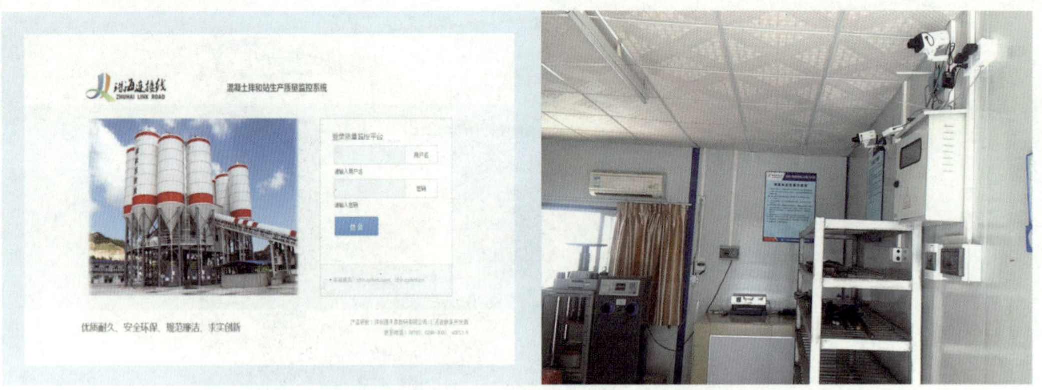

图 7.2–14　混凝土拌和站数据实时传输系统、工地试验室监控系统

港珠澳大桥珠海连接线风险管理平台，对全线施工安全风险进行实时信息化管理（图 7.2–15）；四是拱北隧道暗挖段冷冻施工实施全信息化监控管理，对地表位移、结构变形、冷冻效果实施动态监控，为方案的决定提供数据支撑，有效控制了施工风险。

图 7.2–15　项目风险管理平台、拱北隧道暗挖段施工期间对地表变形实时监测

7.3　双标管理

7.3.1　以临建标准化为基础，推进施工标准化

工欲善其事，必先利其器。在临时工程建设方面，管理中心实行方案评审及验收制度，确保临建标准化。管理中心严格按照“双标”管理要求，组织对监理、施工单位的临建方案进行审查，审查通过方可施工（图 7.3–1）；过程中加强对方案落实的检查，最终验收合格后方可投入使用。施工单位和监理单位的项目驻地均体现“以人为

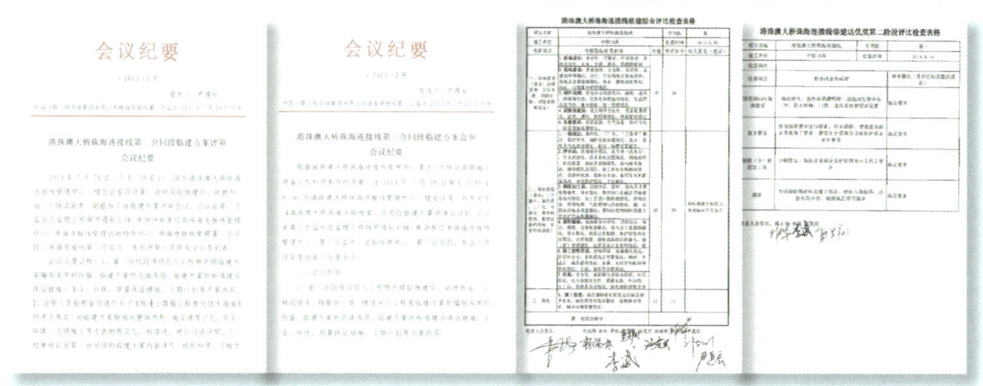

会议纪要

(2013)1 号

港珠澳大桥珠海连接线第二合同段临建方案评审

会议纪要

会议纪要

(2013)2 号

港珠澳大桥珠海连接线第二合同段临建方案会审

会议纪要

图 7.3-1　项目临建方案评审会议纪要及验收表格

本”的要求，办公、住宿环境整洁、优美；拌和和站及钢筋加工场布局合理，功能满足要求，抗台、抗汛能力强。通过临建标准化建设，督促各参建单位在项目建设伊始就树立标准化管理的意识（图 7.3-2）。

图 7.3-2　项目部分参建单位临建图

在施工阶段，为进一步强化施工标准化，大力推行标准胎架（具）、卡具、定位筋等，配备数控加工设备（图 7.3–3），吸收先进的施工工艺和施工经验，并结合安全作业标准做好场地容貌标准化。通过一系列的举措，显著提高了工程实体质量。

图 7.3–3　标准胎架（具）、卡具、定位筋，确保钢筋安装质量

7.3.2　根据年度质量规划，积极创建标杆工程

每年年初，根据当年的年度生产经营计划，管理中心均及时制定相应的年度质量管理工作规划，将创建实体工程标杆作为全年质量管理的工作重点。同时，为引导施工单位创新质量管理思路，管理中心在优质优价中专门设置了质量管理创新奖金，鼓励标段在质量管理、工艺、工法创新方面发挥主观能动性，提高实体工程质量。在项目建设过程中，创建了桥梁墩柱、预制梁、隧道二次衬砌、防撞护栏、沥青路面等一批项目标杆实体工程，形成了模板布施工、隧道水压爆破、隧道机械化施工、预制梁施工成套技术等具备广泛推广价值的工艺工法（图 7.3–4）。

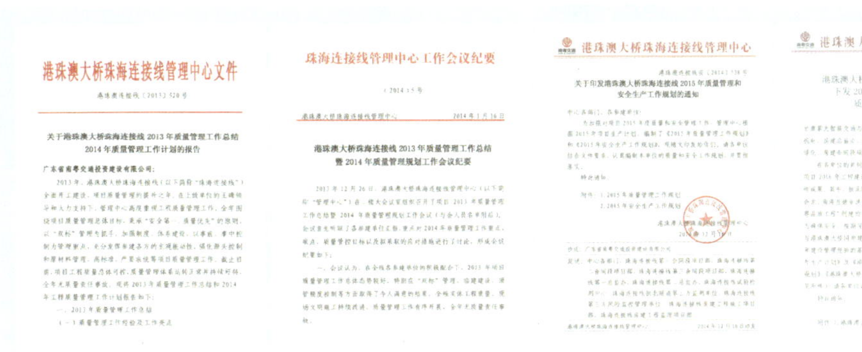

港珠澳大桥珠海连接线管理中心文件

关于港珠澳大桥珠海连接线 2013 年质量管理工作总结暨 2014 年质量管理工作计划的报告

广东省南粤交通投资建设有限公司：

珠海连接线管理中心工作会议纪要

港珠澳大桥珠海连接线 2013 年质量管理工作总结暨 2014 年质量管理规划工作会议纪要

港珠澳大桥珠海连接线管理中心

关于印发港珠澳大桥珠海连接线 2015 年质量管理和安全生产工作规划的通知

港珠澳大桥珠海连接线管理中心

港珠澳大桥珠海连接线管理中心关于下发 2017 年生产计划及安全、质量管理规划的通知

图 7.3-4　项目年度质量、安全管理规划

（1）拱北隧道暗挖工程。在项目控制性工程拱北隧道施工过程中，管理中心多次组织技术攻关。业主、设计、施工、监理、检测、监测、风险控制等参建单位精心组织，并肩作战，克服了技术难度大、施工风险高等困难，安全实现了顶管顺利接收、冻结圈完整形成、开挖变形及冻胀变形可控等目标，隧道结构施工及防水施工质量良好。2017 年 4 月 1 日，实现全隧安全贯通，标志着世界首例“曲线管幕 + 冻结”工法的圆满成功，填补了该领域的空白（图 7.3-5~ 图 7.3-10）。

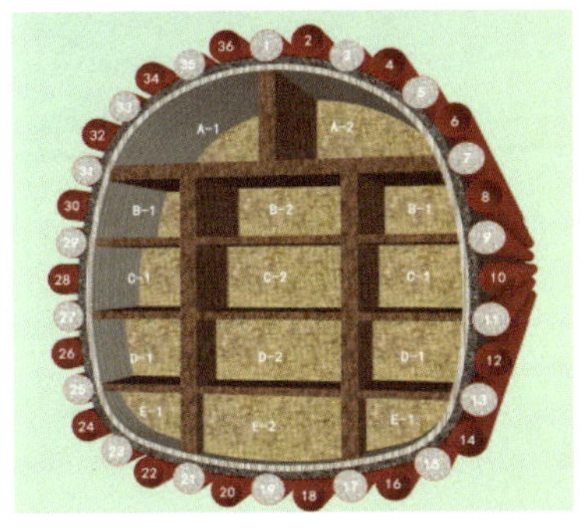

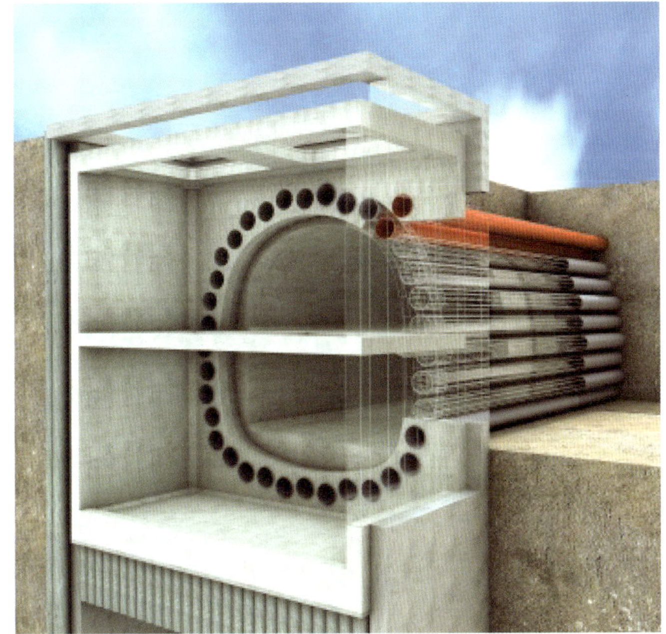

图 7.3-5　拱北隧道暗挖段工作井、5 台阶 14 部开挖法效果图

图 7.3-6　拱北隧道暗挖段顶管机就位、冷冻机运转

图 7.3-7　拱北隧道暗挖段开挖施工、临时支撑

图 7.3-8　拱北隧道暗挖段初期支护、二次衬砌

图 7.3-9　拱北隧道暗挖段防水板及仰拱钢筋施工现场

图 7.3-10　拱北隧道暗挖段中板及拱部衬砌施工

（2）前山河特大桥。前山河特大桥采用 90m+160m+90m 波形钢腹板连续梁方案，跨度为国内在建的同类型桥梁中最大。施工过程中，波形钢板安装定位、线形控制难度较大。在各参建单位的通力协作下，2016 年 9 月 9 日顺利实现全桥合龙。结构线形控制良好，大悬臂状态下桥梁实际线形误差均控制在 10mm 内（图 7.3-11、图 7.3-12）。

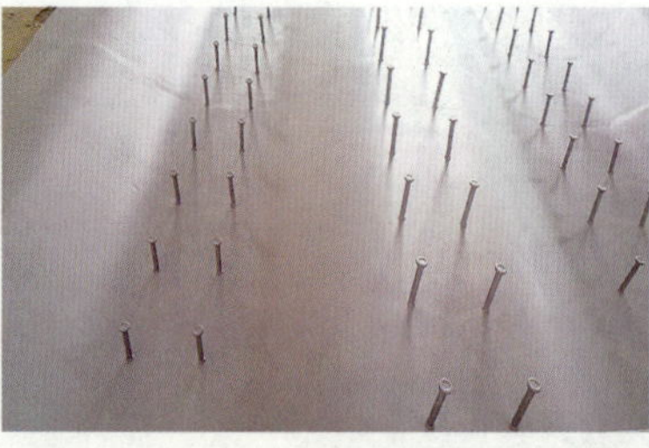

图 7.3–11　前山河特大桥主桥波形钢腹板抛丸及栓钉加工

图 7.3–12　前山河特大桥悬浇施工及合龙前整体桥型图

（3）普通桥梁。以标杆工程创建活动为抓手，打造了桥梁墩柱、预制梁、现浇梁、防撞护栏等一批项目标杆工程。双标管理具体措施：一是桩基施工坚持开孔程序，业主制定统一标准指导施工作业，推行双标管理措施，加强过程监管，确保桩基施工质量（图 7.3–13）。二是钢筋加工采用数控设备、胎具和卡具，确保下料、加工和钢筋间距准确，同时，要求在部分构件增设定位筋 +PVC 材质套帽确保钢筋保护层厚度（图 7.3–14）。三是狠抓混凝土构件养生工作，确保混凝土强度符合要求，避免产生收缩裂

图 7.3–13　桩基钢筋笼采用端部加设 PVC 套管，破除桩头采用环切工艺

图 7.3–14　立柱钢筋骨架设定位骨架筋保证间距，设定位筋 +PVC 套帽保证保护层厚度

缝（图 7.3–15~ 图 7.3–19）。四是重视桥梁预应力体系的管理，加强过程管理，强制推行整束编束穿束工艺，切实提高预应力施工水平。通过公开招标，引入锚下有效预应力检测单位并及时开展相关检测工作。经检测，项目桥梁锚下预应力均满足设计及规范要求（图 7.3–20~ 图 7.3–23）。五是桥面整体化层采用全幅摊铺机进行施工，消除了施工缝，整体平整度控制较好，大幅度减少收缩裂缝（图 7.3–24）。

图 7.3–15　防撞护栏、整体化层养生

图 7.3–16　预制梁自动喷淋养生、现浇箱梁覆盖土工布养生

图 7.3-17　立柱外观质量好

图 7.3-18　防撞护栏模板打磨干净，防撞护栏外观质量较好

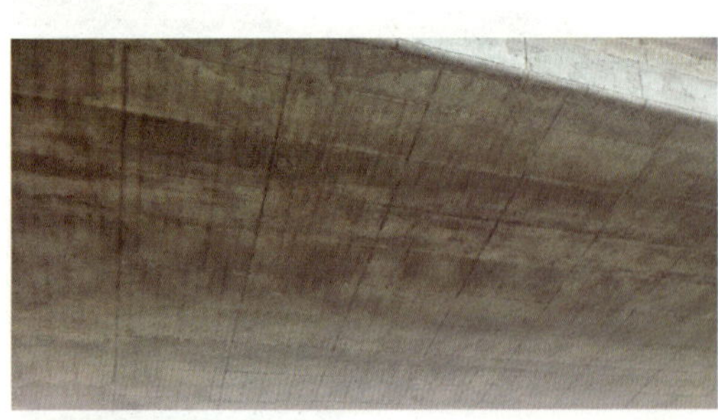

图 7.3-19　预制梁、现浇箱梁外观质量好

图 7.3-20 预应力钢绞线整体编束

图 7.3-21 预应力钢绞线整体穿束、智能张拉设备

图 7.3-22 采用锚杯压浆效果良好

图 7.3-23　引入锚下有效预应力检测及开孔压浆饱满度检测，检测指标良好

图 7.3-24　桥面整体化层采用整幅摊铺工艺

（4）加林山隧道。施工过程中积极推行新工艺新工法，提高机械化施工水平，采取各种措施积极打造标杆工程。双标管理具体措施：一是隧道开挖采用新型水压爆破技术（图 7.3–25~ 图 7.3–27），提高了隧道光面爆破效果。在不耦合光爆中，采用水作为不耦合软垫层，提高炸药能量利用率，从而降低单位耗药量，减少爆破粉尘对环境的污染。实践证明，采用该方法可以有效控制爆破震动对周围围岩的危害，杜绝塌方现象的发生，保证轮廓线基本一次成型，光面孔痕保存率不小于

图 7.3–25　新型水压爆破：炮泥制作、水袋制作

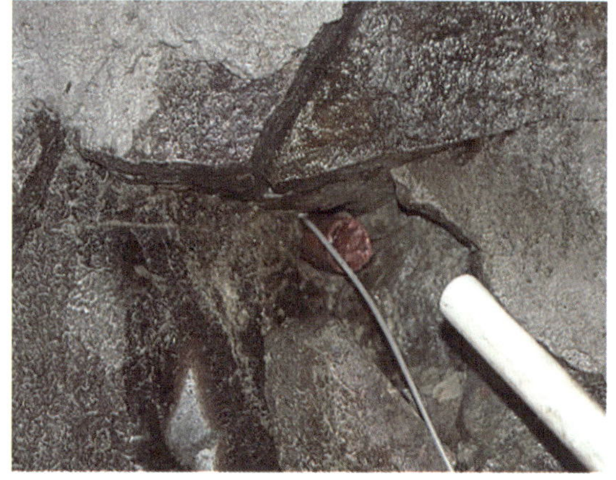

图 7.3–26　新型水压爆破：安装炸药、安装水袋

图 7.3–27　新型水压爆破：安装炮泥、光面爆破效果

90%，隧道支护量减少，防毒排烟费用降低。同时，由于围岩破碎均匀和大块率降低，方便机械化施工，加快了施工进度，显著提高了经济效益。二是机械化施工方面引入多臂凿岩台车和湿喷设备（图 7.3–28、图 7.3–29），降低了能源消耗和粉尘污

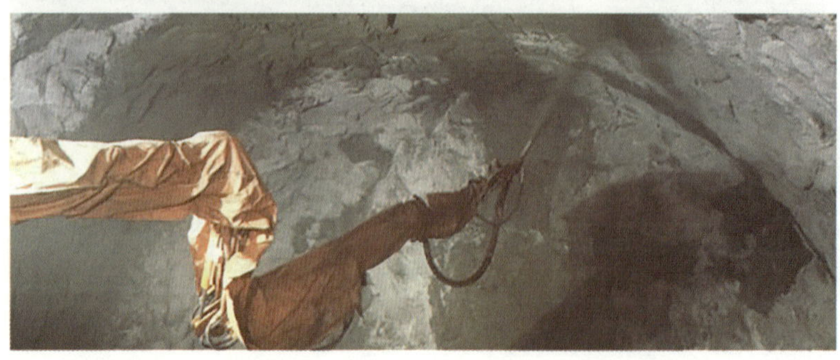

图 7.3–28　多臂凿岩台车及大型湿喷机组作业现场

染，大大减少了施工作业的人员投入，减轻了作业人员的劳动强度，缩短了施工工期，有效提升了施工工效和初期支护实体质量。结合设备的引入开展了隧道机械化施工相关工艺研究和探索，形成了成套施工技术工法。三是隧道混凝土路面采用滑模摊铺全幅一次性施工（图 7.3-30~ 图 7.3-32），通过试验段铺筑形成一整套成熟工艺和施工流程，从基面清扫、混凝土运输和布料、滑模摊铺、喷洒养生剂养生、切缝、覆盖养生到刻槽，施工过程中注重各个环节和细节的控制，实体工程各项指标特别是平整度均达到合格标准。

图 7.3-29　超前探水钻孔现场

图 7.3-30　隧道混凝土路面滑模摊铺设备

图 7.3-31　隧道混凝土路面滑模摊铺：自动磨光板进行抹面、人工修补局部缺陷

图 7.3-32　隧道混凝土路面刻槽规范

7.4 独立第三方试验检测

（1）质量保证体系更加完善

筹建之初经过对类似项目的充分调研，管理中心决定实行项目试验检测与监理分离的管理制度。相比常规项目的监理质量负责制，采用独立第三方试验检测管理，具有以下两方面优点：一是可以充分发挥试验检测中心在原材料管理和工地试验室管理方面的专业性，并能最大程度地保证试验数据的真实性，为试验数据指导施工提供制度保证；二是建立监理主抓现场与质量管理行为，检测中心主抓试验检测、原材料及工地试验室管理，管理中心统筹质量管理的质量管理体系。借助各方力量，更加有效地加强对施工现场的质量管理。

（2）试验检测数据与奖惩挂钩，充分提高施工单位创优积极性

施工过程中，管理中心及时制定并印发实体工程质量控制合格率标准，依靠检测中心建立实体工程检测台账，定期更新检测数据，及时掌握实体工程质量动态；同时，要求总监办联合试验检测中心，严格按照省质监站监督检查模式开展月度综合大检查。随机抽检，以数据说话并及时印发检查通报，并将检查结果直接与优质优价考核评分挂钩，真正做到优质优价。

7.5 品质工程建设

项目积极响应交通运输部、省交通运输厅及广东省南粤交通投资建设有限公司关于打造“品质工程”理念和相关要求。一是切实推进创建活动，加强组织保障。管理中心成立了珠海连接线“南粤品质工程”活动领导小组，负责统筹组织、督导协调活动开展。同时，各参建单位也相应成立各自的领导组织机构，以确保活动有序开展。二是管理中心不定期组织召开“南粤品质工程”推进会议，解读相关文件精神，深入贯彻落实创建活动的施工理念及相关要求，引领各参建单位管理人员向现场质量管理聚焦发力。三是结合项目特点，管理中心在“南粤品质工程”实施方案的基础上编制了实施细则，主要从机电联合设计、现场施工管理、陆域景观提升和服务能力提升等方面入手，明确了切实可行的创建措施和目标，扎实推进“南粤品质工程”各项创建活动。四是及时总结提高，实现工程质量向“零缺陷”目标迈

进。已交工路段各项检测指标合格，桥涵结构物内优外美，陆域景观效果良好，路面平整，行车舒适（图 7.5-1）。

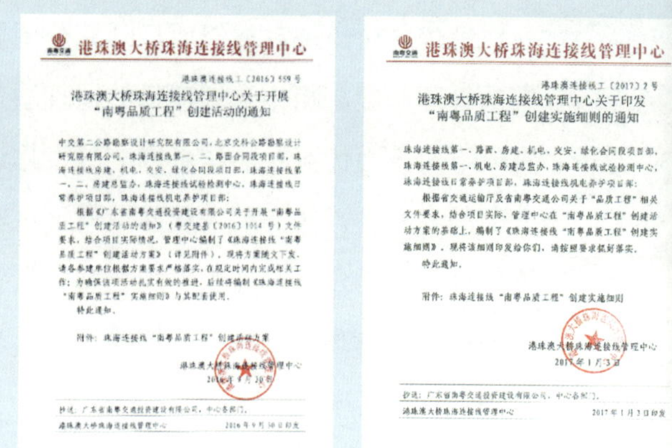

港珠澳大桥珠海连接线管理中心

港珠澳连接线工〔2016〕559 号

港珠澳大桥珠海连接线管理中心关于开展“南粤品质工程”创建活动的通知

中交第二公路勘察设计研究院有限公司，北京交科公路勘察设计研究院有限公司，珠海连接线第一、二、路面合同段项目部，珠海连接线房建、机电、交安、绿化合同段项目部，珠海连接线第一、二、房建总监办，珠海连接线试验检测中心，珠海连接线日常养护项目部，珠海连接线机电养护项目部：

根据《广东省南粤交通投资建设有限公司关于开展“南粤品质工程”创建活动的通知》（粤交建基〔2016〕1014 号）文件要求，结合项目实际情况，管理中心编制了《珠海连接线“南粤品质工程”创建活动方案》（详见附件），现将方案随文下发，请各参建单位根据方案要求严格落实，在规定时间内完成相关工作；为确保该项活动扎实有效的推进，后续将编制《珠海连接线“南粤品质工程”实施细则》与其配套使用。

特此通知。

附件：珠海连接线“南粤品质工程”创建活动方案

港珠澳大桥珠海连接线管理中心
2016 年 9 月 30 日

抄送：广东省南粤交通投资建设有限公司，中心各部门。

港珠澳大桥珠海连接线管理中心　　2016 年 9 月 30 日印发

港珠澳大桥珠海连接线管理中心

港珠澳连接线工〔2017〕2 号

港珠澳大桥珠海连接线管理中心关于印发“南粤品质工程”创建实施细则的通知

珠海连接线第一、路面、房建、机电、交安、绿化合同段项目部，珠海连接线第一、机电、房建总监办，珠海连接线试验检测中心，珠海连接线日常养护项目部，珠海连接线机电养护项目部：

根据省交通运输厅及省南粤交通公司关于“品质工程”相关文件要求，结合项目实际，管理中心在“南粤品质工程”创建活动方案的基础上，编制了《珠海连接线“南粤品质工程”创建实施细则》，现将该细则印发给你们，请按照要求抓好落实。

特此通知。

附件：珠海连接线“南粤品质工程”创建实施细则

港珠澳大桥珠海连接线管理中心
2017 年 1 月 3 日

抄送：广东省南粤交通投资建设有限公司，中心各部门。

港珠澳大桥珠海连接线管理中心　　2017 年 1 月 3 日印发

图 7.5-1　“品质工程”宣贯会议及相关文件

7.6　工程档案管理

7.6.1　目标引领，主动前行

项目在开工建设之初，在项目的管理工作大纲中明确了档案管理目标——争创档案管理“金册奖”。

根据明确的档案管理目标，管理中心按照工程阶段性特点实施了全过程管理：项目筹建阶段主要以建立制度体系和业务指导为主，夯实档案管理基础；实施阶段一方面注重基础资料的完整性和及时性，另一方面主要抓预立卷质量及进度；交工验收阶段主要按照档案验收标准抓案卷的质量。

项目自开工以来，上级单位和项目管理层高度重视档案工作，在项目初期就较早地介入档案管理，从源头上保证资料齐全完整；项目在招投标阶段对各类招投标文件分类整理，台账清晰；在施工阶段，档案工作作为工程管理的重要事项，纳入项目优质优价、优监优酬及计量支付管理，有效保证了参建单位档案资料及时、齐全、完整；为及时掌握各参建单位档案情况，业主联合总监办开展月度及季度专项档案检查，并形成通报印发以督促各单位整改；同时在档案整理过程中，积极主动与上级档案部门沟通协调，适时邀请相关专家检查指导，及早发现问题、及时纠偏。整个项目档案管理过程中，参建各方形成的档案资料均齐全、完整、系统，以“金册奖”为指导目标扎实开展档案工作。

7.6.2 超前介入，夯实基础

项目档案贯穿于工程建设的始终，包括从建设项目的立项、审批、招投标、勘测、设计、施工、监理到竣工验收全过程活动中形成的各类档案，形成的周期长、来源广、内容繁杂。为加强对项目文件的控制和管理，确保项目档案的完整、准确、系统，避免项目档案材料的流失，档案管理工作必须“超前介入”到工程项目每阶段工作中，特别是前期准备工作中。项目档案管理的“超前介入”，能够使档案工作人员掌握主动性，了解整个工程项目建设的情况，掌握项目文件产生、流转的规律，监控项目文件的流向，及早制定有关项目档案管理的标准、制度，及时对参建单位文件资料的收集、整理进行指导，从而为保证项目档案的完整、准确、系统提供保障。

（1）建章立制，积极推进档案管理制度化

根据工程项目统一领导、分级管理的工作原则，管理中心建立健全了项目档案管理制度，完善了档案管理体系。项目一成立，就在熟知并掌握国家、行业关于建设项目档案工作的有关法规、文件及工作标准的基础上，针对本工程项目文件形成的特点制定出各项档案管理制度。一是在招标文件及合同中明确了档案管理及竣工文件编制的总体要求；二是过程管理结合项目实际情况建立和完善了档案管理相关制度，相继制定了《档案综合管理暂行办法》《竣工文件编制办法》《港珠澳大桥珠海连接线档案管理实施细则》《港珠澳大桥珠海连接线档案工作考核奖励办法》等档案管理制度，完善了档案管理体系，统一了档案管理标准；三是过程管理中按照上级单位相关要求及项目实际情况进行了档案细则的修编工作。

（2）各司其职，积极推进档案工作有序化

要做好项目档案管理的“超前介入”，首先要争取项目领导对项目档案管理工作的重视，将项目档案管理纳入到项目管理中，及早设立项目档案机构，配置项目档案工作人员。

项目开工伊始，管理中心便成立了“档案工作小组”，明确了项目管理层中的档案负责领导，由管理中心总工程师分管工程建设档案管理工作，管理中心档案工作人员架构如图 7.6–1 所示。各参建单位相应地建立了以技术负责人为主管领导的档案工作体系，按要求设立了档案室，并配备了档案员负责竣工资料的收集整编工作。档案工作小组具体负责竣工档案工作的统筹规划、协调和监督工作，通过档案管理体系，使各个上级单位的要求都能够及时传达并完成，施工单位在收集整理过程中遇到的问题能及时反馈，立刻解决，并将问题向各单位通报沟通，举一反三，从而避免了施工单位返工重做，减少了不必要的工作量，提高了工作效率。

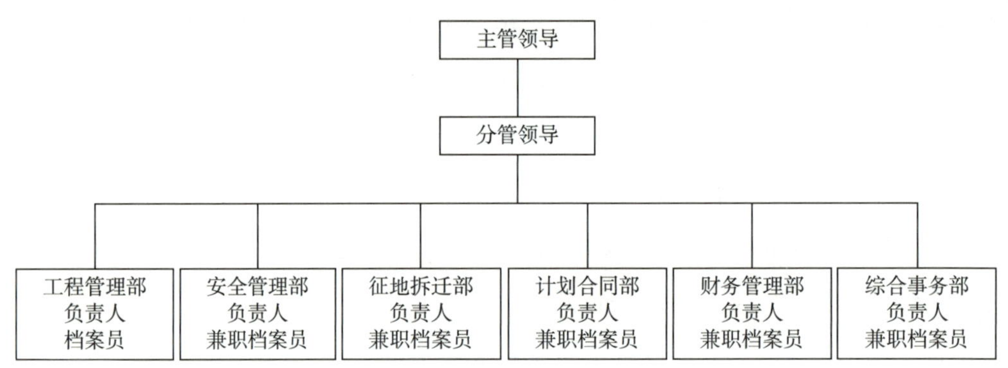

图 7.6–1　档案工作架构图

7.6.3　全过程控制，提升质量

项目档案管理的“全过程控制”，是指对工程的不同时期、不同阶段产生的各种有价值的文件材料在承办、运转、收集、积累及整理归档中始终处于受控范围，确保档案的真实、准确、系统、完整。其工作内容包括：前期准备、中间检查、交工审查验收。

（1）前期准备

① 加强档案工作人员自身的业务学习，提高管理水平。

要求各参建单位配备专职档案管理人员，并进行系统的档案知识培训。专职档案工作人员必须熟悉工程设计、施工、管理等方面的基本知识，通晓工程档案形成的阶段性特点，从而高效率地开展档案管理工作。管理中心历来注重专职档案工作人员的培训工作。一是内部培训。自项目开建以来，主要结合工程进度，分阶段按需要进行有针对性的培训，共组织交底、培训 11 次。二是积极参加上级单位组织的业务培训，组织各参建单位专（兼）职档案员参加省档案局或省交通运输厅信息中心组织的档案工作人员上岗培训和档案专业业务培训。

② 统一标准和要求，实行帮监结合，制定出奖罚措施。

管理中心按照上级单位要求，将档案和内业检查工作纳入每月业主和总监办参与的联合工地综合大检查。根据档案考核办法，管理中心每季度对参建单位的档案工作进行专项检查和考核，并充分利用“合同竣工文件编制费用中由业主统一掌握使用部分（20%）”这一条款，奖优罚劣，对发现的问题及时进行通报。同时，在月度检查中，将打印用纸、打印耗材纳入检查范围，要求各单位从源头上控制好档案资料的质量。

③ 开展档案首件验收工作，以点带面。

为避免在档案组卷过程中返工，参照上级单位档案首件管理办法，管理中心及时组织监理、施工单位开展了档案首件验收工作，并邀请上级单位对完成的首件资料进行检查指导。通过档案首件验收，帮助参建单位建立了一个示范性文本，使其后续文件材料的分类整理有参照标准，达到规范统一，有效地提高立卷质量，各单位档案编制质量由点到面逐步提升。

（2）中间检查

中间检查工作占据着极其重要的地位，能及时发现问题，采取纠偏措施。档案管理人员只有经常“走出去”检查监督各参建单位的档案管理工作，强化中间检查，才能保障将来“坐下来”较好地审查验收各单位的档案，确保高质量通过档案专项验收。

① 制定对各参建单位档案工作的指导、监督和检查的工作计划。

管理中心每月定时组织监理对施工单位技术资料的归档整理进行核查。具体来说，根据各标段项目划分表中的各分项工程、分部工程、单位工程的进展情况进行核对，编制出文件材料中间核查表，及时发现问题并提出整改措施，列出检查结论（完整率、准确率、预立卷合格率等）；监理技术人员从案卷内容的齐全完整、真实有效上把关，确保主要施工技术记录、质量检验记录、出厂证件及检验材料等原始产生的文件材料完整有效。档案管理人员从案卷质量是否符合档案管理各项标准上把关，确保文件为原件，签署完备，字迹图表规范等，同时检查是否按要求正确进行预立卷分类编目等。对检查后发现的问题以整改通知单的形式印发，并以整改报验单的形式提出整改措施，以便复查。

② 计量与资料挂钩。

项目采取工程计量支付与项目档案工作挂钩的措施，所有计量均需附内业资料，督促各参建单位竣工文件材料与工程外业建设同步形成、同步收集、同步整理。

③ 按照上级要求，实行档案双月报表制度。

结合现场实体工程进度、施工与资料台账、施工日志、系统数据核查、档案工作双月报、两大系统录入进度统计情况，业主和总监办每月底对各施工单位进行档案实物抽查，及时跟踪档案编制进度与质量。通过该举措，施工各方档案编制工作基本达到与现场实体工程施工进度同步。

（3）交工审查验收

交工审查验收随着工程的推进，项目经过勘测、设计、施工等几个阶段，各施工单位的工程都即将交工或已经交工，这时对各施工单位的工程档案进行验收成为业主档案管理工作的重点。

① 主抓各施工单位的竣工图编制工作。管理中心为规范竣工图编制，一是要求各施工单位成立竣工图编制小组，监理单位成立竣工图审核小组，完成机构组建；二是在工程施工过程中，督促各施工单位按照施工进度、已完工分项工程及变更文件，要求各施工单位编制竣工图控制表，并按控制表逐步完成竣工图编制；三是加大变更清理及设计协调工作力度；四是组织开展竣工图编制培训。

② 要求各施工单位档案自检，并提交自检报告，再由总承包档案专工对其重点档案进行抽查，及时提出整改意见，并限期完成。最后还要检查整改后的闭合情况，由档案主管签字确认，确保各施工单位档案的顺利归档和移交。管理中心后续再对接收的竣工档案及自身形成的工程管理文件进行汇总整理，统一分类、编目、编制检索工具，编制档案整理情况说明等。

7.6.4 网络化管理，提供便利

项目全线竣工档案统一标准，使用了信息化档案管理系统，要求各单位按工程完成情况填写并录入系统，规范施工表格填写。

为了加强项目竣工档案信息化管理，管理中心与档案系统的软件工程师多次沟通，对软件录入界面及能引入的电子文件的类型进行调整，并将档案软件从单机版升级为网络版，增加了使用端口，支持大容量电子文件，并组织全线档案人员进行了软件录入上传及电子文件扫描格式要求的培训，在使用过程中有客服人员对施工单位提出的疑问进行解答，及时解决问题，使本项目竣工档案全部顺利扫描并录入至软件中，实现项目档案电子化，为保存、利用、检索档案提供了便利。

7.6.5 档案管理经验总结

（1）着眼项目特点，创新求变出新招

① 为了使全线竣工档案统一标准、规范做法，本项目一开始就根据省质监站的要求，由总监办统一制定了各种施工表格，并作了详尽说明，对于评定标准的转换，由业主牵头同总监办协商，在对新标准的学习和研究下制定了完全符合新评定标准要求的评表和检表，并在征得省质监站的同意后下发了评表与检表的电子版格式，要求各施工单位全部以电子表格的形式做出检测和评定。

以范本规范引导档案编制工作。结合现场实际，管理中心拟定了排序、题名、照片、竣工图等各类编制范本并实时上传至项目档案 QQ 群，对参建各方统一编制要求，避免走弯路、反复返工整改等低效工作现象。同时结合管理实际，及时修订制度，不断地加强制度建设。

② 对于拱北隧道、前山河特大桥等采用新方案、新工艺的结构，无同类项目可参考，管理中心专门委托专业咨询单位完善了质量验评标准并补充了相应的施工、检验评定用表。

③ 项目征拆工作采用了总包干模式，珠海市珠海连接线项目征地拆迁领导小组办公室聘请了专业的档案公司对征拆档案进行整理。

（2）查存在问题，促进全面提升

① 各参建单位对档案管理重视不够。在项目建设过程中，同样存在档案意识淡薄

的现象，认为档案工作不直接产生经济效益，而且琐碎繁杂，在紧张繁忙的工程施工中，大家偏重对工程质量和进度的重视以致影响到对文件材料的控制管理。

② 由于各参建单位档案人员业务素质参差不齐，有的甚至是临时聘用的未通过档案上岗培训的人员，对文件材料的编制要求、分类管理等知之甚少，极易造成文件内容不完整，文件格式不规范，文件编号不统一等现象，为后续档案整理和验收留下大量隐患。

③ 征拆档案作为工程管理文件的重要组成部分，是项目征拆工作过程和成果的直观记录，是日后工程审计的有力保障。由于珠海连接线项目征拆工作采用了总包干模式，征拆档案由珠海市珠海连接线项目征地拆迁领导小组办公室聘请档案公司进行整理，组卷情况欠规范，与项目档案管理要求存在一定差距。

（3）锐意进取谱档案新篇章

工程项目档案管理工作是一项以项目管理为中心的专业性和服务性的工作，它既有项目管理的技术基础工作的特点，又有自身独立的工作对象、内容及工作方法。由于工程参建单位众多，涉及面较广，管理中心不仅肩负着项目文件的收集、保管和利用，还要协调各单位的文件管理，及时指导和培训各参建单位的档案工作人员。

项目档案负责人在工程前期，要能参与工程项目的开工启动会，了解工程项目的总体安排和规划，以便及时收集工程前期文件并做出相应的档案管理工作计划；要能参与合同、协议的评议和签订，把有关工程档案资料各项具体要求（归档责任，归档时间，归档份数，档案编制质量要求等）纳入协议条款中，借助合同、协议的约束力争取档案管理工作的主动权；要能及时与各参建单位档案主管充分沟通，了解他们的具体诉求，以便提前制定档案管理细则，统一归档要求，统一文件编号办法，统一工程用各种表格，避免各参建单位档案管理各行其是。

总之，要做好工程总承包项目档案管理工作，领导对项目档案工作的重视和支持是前提，项目档案管理的“超前介入”和“全过程控制”是关键，档案人员的专业素养是保障。

7.7 质量管理体会与建议

7.7.1 质量管理存在的不足

随着交通运输部品质工程创建工作的推进，以及广东省“双标”管理的不断深入，目前广东省高速公路项目建设积极推行现代工程管理，推进建设项目管理精细化、施工工艺标准化，项目质量管理水平均有大幅度的提高。本项目在质量管理中通过加强制度建设、信息化建设、大力引入新设备新工艺、标杆工程创建等管理措施，努力提升项目质量管理水平，在省质监站的几次年度质量安全排名大检查中取得较好的成绩。但同时，项目在建设期质量管理过程中，也不可避免存在一些问题和不足，主要有以下几个方面：

（1）质量管理体系不够完善

个别施工合同段对劳务分包队伍管理缺位，以包代管现象突出，施工工人流动性较大，施工交底流于形式，施工单位履行主体责任不到位；部分总监办存在过程管控力度偏弱、重要工序验收不严格、对质量标准尺度掌控不到位、问题整改跟进落实不彻底等现象，监理单位履行监管主体责任不到位；总监办和试验检测中心的沟通、配合主动性不足，增加了业主协调工作量，对工作效率以及工序交接检验等都造成不利影响。简单来说，质量管理体系运转不够顺畅：施工单位自检缺位较为严重，总监办替代施工单位履行自检，项目业主替代总监办的抽检工作。此种现象，在项目建设后期愈发明显。

（2）规范化、精细化管理水平有待进一步提升

部分施工合同段施工管理较为粗放，施工自检马虎，工程质量主要依靠工人素质、职业操守来保证，规范化、精细化施工水平不高。一是钢筋制安质量不稳定且参差不齐，存在钢筋接头加工粗糙、骨架安装不规范、焊接质量差、间距不均匀等问题；二是预应力施工在技术、细节、管理等方面仍存在较多不足之处，如未严格落实整束编束穿束工艺，预应力张拉记录不及时，压浆原材料及施工过程管理不严格等；三是部分质量通病如混凝土结构裂缝未得到有效根治，路面“零污染”落实不到位。

（3）部分单位管理人员不足，一线工人流动性大

近年来，部分参建单位承担任务较重，导致投标承诺人员与实际到位人员更换比

例较高，人员数量和能力与项目管理不匹配。且一旦进入施工后期，不少管理人员被抽调到新开工项目，造成施工管控能力明显下降，后期施工质量下滑较严重。同时，一线施工班组及工人流动性大，专业技能和施工经验不足，技能不足导致施工质量低下的现象时有发生，施工标准化要求难以落实到位。

（4）质量管理制度执行不力

一是首件工程验收、技术交底、重要隐蔽工程管理等制度落实不到位。如首件工程验收流于形式，未结合自身工艺、工法特点进行首件施工总结，结论无法应用于后续施工；技术交底资料生搬硬套、针对性不强，起不到指导施工的作用；二是质量要求执行不严，一些未达到“评定标准”或者“优质工程质量管理规定”最低要求的工序仍然通过检验，放纵违规行为，造成质量隐患。

7.7.2 加强项目质量管理的建议

（1）建设单位应发挥龙头引领作用，持续推进工程标准化建设

当前，广东省高速公路建设任务十分繁重，项目工期普遍紧张，地材、人工成本大幅上升，质量管理难度加大。建设单位作为项目管理的中心枢纽，在质量管理中应起到龙头引领作用，切实发挥好组织管理能力，积极营造良好的施工条件。结合项目特点和工程实际，进一步加大标准化建设的执行力度，把技术标准、管理标准、作业标准落到实处，促进工程质量水平稳步提升。

（2）积极推进施工管理信息化、智能化设备的应用，提高质量管理实效

随着社会的发展，施工人工费用提高使施工成本持续攀升，企业的发展和管理面临着严峻的挑战。使用自动化、智能化施工设备，可以将工人从繁重的体力劳动中解放出来，同时可以大大减少人为的操作误差，提高施工效率，保证工程质量稳定性。同时着力提升工程信息化管理水平，运用信息技术对关键施工环节进行控制和管理，是提高质量监管效率的有效途径。科技是第一生产力，充分利用“互联网 +”技术进行信息化、智能化管理和应用，不失为提高生产效率并大幅度提升工程质量的一种重要手段。

（3）提高制度执行力，确保各项制度实施到位

好的制度如果执行不力，也将形同虚设。如何将现有制度贯彻和执行到位，是进

一步提升质量管理水平的关键所在。建设单位应建立和完善质量管理考核机制，通过客观、公平、公正的考核，让执行制度不利的单位得到相应的处理，让执行制度较好的单位得到肯定和奖励。同时，通过适当加大奖罚力度刺激参建单位的积极主动性，提高制度执行力，确保工程质量持续稳定提升。

（4）发挥标杆工程示范引领作用，促进工程质量均衡发展

不同施工单位、现场管理人员质量意识、管理能力、水平、施工工艺的不同，导致了工程实体水平的差异。建设单位应为一线工人积极创造学习条件，在项目内多开展交流和观摩活动，发挥标杆工程、示范工程的引领作用，同时狠抓管理混乱的施工合同段和薄弱环节的质量管理，促进工程质量均衡发展和总体水平的全面提升。

第 8 章
进度管理

8.1　总体工期计划

根据交通运输部《关于港珠澳大桥珠海连接线工程初步设计的批复》(交公路发〔2012〕276 号)的要求，项目总工期(自开工之日起)4 年。2014 年 11 月，港珠澳大桥中央专责小组会议明确，各建设主体于 2017 年底完成项目建设任务，具备通车条件。

珠海连接线控制性工程拱北隧道(第一合同段)于 2012 年 7 月 31 日开工建设，合同工期为 45 个月；后续标段(第二、三合同段)于 2013 年 9 月开工建设，合同工期为 33 个月。

项目全线于 2017 年底在港珠澳大桥总体项目中率先完成全部建设任务，具备通车条件。其中，项目南湾互通至终点洪湾互通段应珠海市要求提前于 2016 年建成通车。

8.2　进度计划编制与执行

8.2.1　总体目标

珠海连接线线位穿越珠海城区，紧邻澳门。区域环境好，经济较发达，周边居民环保意识强，施工时间及运输路线受到不同程度的制约。同时，项目建设期间涉及单位多，且行政级别较高，协调难度大、周期较长。且珠海连接线项目本身的技术难度较常规项目更大，既有常规隧道、桥梁，又有海中桥梁、海底隧道，还有深大基坑及采用业内首创的“管幕 + 冻结”工法施工的叠层隧道，这一点从项目高达 93.8% 的桥隧比也可见一斑。以上种种因素，均对项目进度管理带来了挑战。

项目建设伊始便确立了与港珠澳大桥主体工程同步建成通车的总体工期目标(图 8.2-1)。

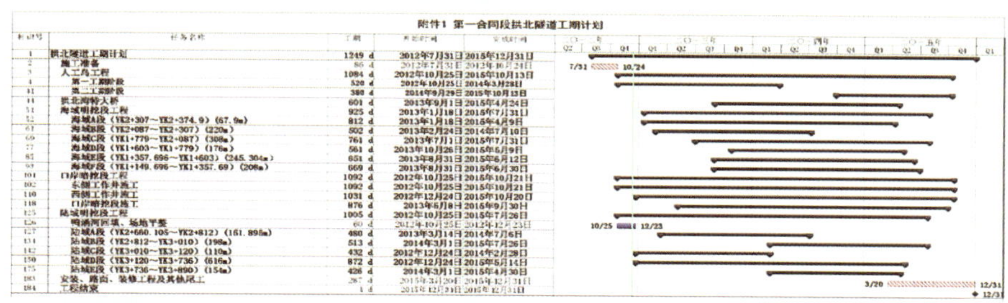

附件1 第一合同段拱北隧道工期计划

标识号	任务名称	工期	开始时间	完成时间
1	拱北隧道工期计划	1249 d	2012年7月31日	2015年12月31日
2	施工准备	86 d	2012年7月31日	2012年10月24日
3	人工岛工程	1084 d	2012年10月25日	2015年10月13日
4	第一工期阶段	520 d	2012年10月25日	2014年3月28日
41	第二工期阶段	380 d	2014年9月29日	2015年10月13日
44	拱北湾特大桥	601 d	2013年9月1日	2015年4月24日
51	海域明挖段工程	925 d	2013年1月18日	2015年7月31日
52	海域A段（YK2+307～YK2+374.9）(67.9m)	812 d	2013年1月18日	2015年4月9日
61	海域B段（YK2+087～YK2+307）(220m)	502 d	2013年2月24日	2014年7月10日
69	海域C段（YK1+779～YK2+087）(308m)	761 d	2013年7月1日	2015年7月31日
77	海域D段（YK1+603～YK1+779）(176m)	561 d	2013年10月26日	2015年5月9日
85	海域E段（YK1+357.696～YK1+603）(245.304m)	651 d	2013年8月31日	2015年6月12日
93	海域F段（YK1+149.696～YK1+357.69）(208m)	669 d	2013年8月31日	2015年6月30日
101	口岸暗挖段工程	1092 d	2012年10月25日	2015年10月21日
102	东侧工作井施工	1092 d	2012年10月25日	2015年10月21日
110	西侧工作井施工	1031 d	2012年12月24日	2015年10月20日
118	口岸暗挖段施工	876 d	2013年5月8日	2015年9月30日
125	陆域明挖段工程	1005 d	2012年10月25日	2015年7月26日
126	鸭涌河回填、场地平整	60 d	2012年10月25日	2012年12月23日
127	陆域A段（YK2+660.105～YK2+812）(151.895m)	480 d	2013年3月14日	2014年7月6日
134	陆域B段（YK2+812～YK3+010）(198m)	513 d	2014年3月1日	2015年7月26日
142	陆域C段（YK3+010～YK3+120）(110m)	432 d	2012年12月24日	2014年2月28日
150	陆域D段（YK3+120～YK3+736）(616m)	872 d	2012年12月24日	2015年5月14日
175	陆域E段（YK3+736～YK3+890）(154m)	426 d	2014年3月1日	2015年4月30日
183	安装、路面、装修工程及其他尾工	287 d	2015年3月20日	2015年12月31日
184	工程结束	1 d	2015年12月31日	2015年12月31日

图 8.2–1 关键控制性工程横道图

8.2.2 编制原则

围绕总体目标和工程关键线路，项目在制订年度工期计划时充分体现“前紧后松”“年度计划在总体进度中适度超前”的原则。

8.2.3 计划构成

进度计划按计划周期分年、季、月度计划。年度计划按本项目全线的总体工期要求，结合各个合同段总工期的实施情况进行综合平衡后制定；季度计划结合本年度的整体计划情况，各合同段已实现的进度情况及本季度的项目实际情况进行编制；月度计划根据季度的计划要求和本月的项目实际情况编制。

业主结合各标段实施性施工组织设计和分项工程量清单，合理确定年度生产任务并正式上报上级单位。根据上级单位批复下达的年度生产计划任务，适当调增后，分解给各标段并作为其年度投资和关键工程节点考核目标。同时，要求各标段有针对性地将年度目标分解到季度和月度，必要时编制专项计划（图 8.2–2）。

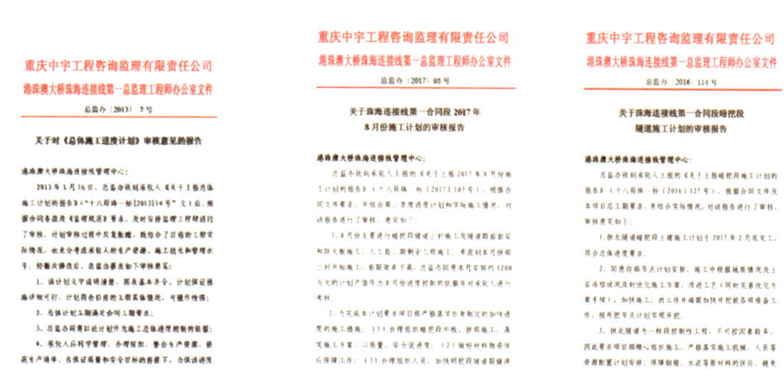

重庆中宇工程咨询监理有限责任公司
港珠澳大桥珠海连接线第一总监理工程师办公室文件
总监办〔2013〕7号

关于对《总体施工进度计划》审核意见的报告

港珠澳大桥珠海连接线管理中心：

重庆中宇工程咨询监理有限责任公司
港珠澳大桥珠海连接线第一总监理工程师办公室文件
总监办〔2017〕98号

关于珠海连接线第一合同段 2017 年
8 月份施工计划的审核报告

港珠澳大桥珠海连接线管理中心：

重庆中宇工程咨询监理有限责任公司
港珠澳大桥珠海连接线第一总监理工程师办公室文件
总监办〔2016〕114号

关于珠海连接线第一合同段暗挖段
隧道施工计划的审核报告

港珠澳大桥珠海连接线管理中心：

图 8.2–2 根据工程需要编制的总体、月度及专项计划

8.2.4 计划执行

目标明确后，采用“深入一线，靠前管理”的工作模式，全面摸排影响工程进度的各种因素并及时采取应对措施或纠偏措施。主要有：一是考虑到城区施工特点，在各施工标段进场前即落实临建用地，同时编制下发进场施工指南，明确各施工标段正式开工前的各项工作内容和要求，引导施工单位有序开展进场准备工作，大大缩短了施工准备时间；二是组织开展多种形式的劳动竞赛，有效降低春节等传统节假日对施工的影响；三是定期召开进度分析会，结合施工进展对施工单位的施工组织及资源投入进行准确分析和评估，严格责任追究并及时增大资源投入；四是创新计量支付方式，通过“并行审批”“一次计量、两次支付”等形式，减轻承包人资金周转压力；五是积极开展协调工作，在征地拆迁、交通组织及与周边村镇、厂矿纠纷处理等方面，协助施工单位争取地方政府的支持，营造良好的外部环境。

通过合理配置资源投入、适时调整施工组织、快速解决存在问题、及时纠正偏离进度计划等措施，使工程进度管理始终处于略有超前的可控状态。

“锲而不舍，金石可镂”。自 2012 年开工建设以来，在极端困难的条件下，经过不懈努力，项目各年度产值任务完成率均超过 100%（2013 年 100.2%，2014 年 102.6%，2015 年 104.2%，2016 年 102.1%），各年度关键节点任务也顺利完成。其中，项目南湾互通至终点洪湾互通段于 2016 年顺利实现提前通车。2017 年 11 月，在港珠澳大桥各参建主体中率先完成交工验收，具备通车条件。

8.3 管理体会与建议

要切实有效的做好进度管理，经过对项目建设的反思与总结，认为以下几点较为关键：

（1）充裕的资金是基础。巧妇难为无米之炊。资金是工程建设推进的基础。保证进度款的按时支付，才能有效解决承包人的资金压力。一是由业主组织，及时召开参建各方参加的计量会议，在会前将基础资料电子版发送给各方进行审核，计量会上对存在疑问的计量项目集中进行问答，缩短审批时间，即“并联审批”；二是通过计量系统严格控制计量流程时间（图 8.3-1），对时间过长未审批的进行倒查，要求说明原因，

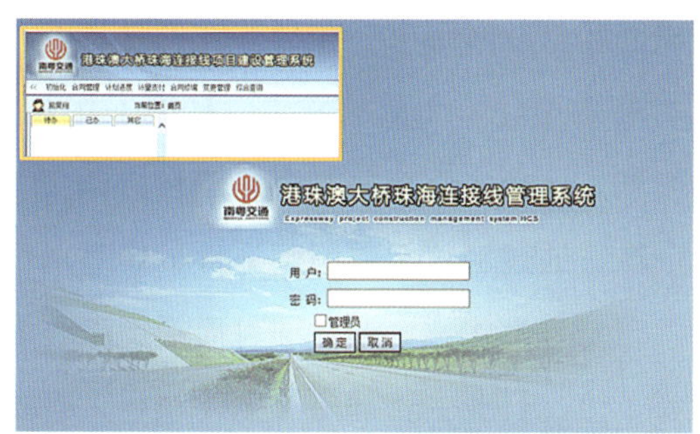

图 8.3-1　计量系统

对无故拖延的予以严肃问责；三是在年底等特殊时间段采取“一次计量，两次支付”，即在监理审批完成后，先行支付一半计量款，在业主审批完成后再支付剩余计量款。

（2）稳定的人员是前提。再完美的计划最终也是由一线去执行、去落实的。对于大型、复杂、高难度的项目，更需要对项目有较深的认识，人员的稳定显得尤为关键。在常规考勤的同时，要求各业主代表、管理人员深入一线，与参建各方各级人员保持密切的联系，对各方人员思想状态、动向进行实时了解。同时，与工区、工队、班组长进行现场谈话，了解一线收到的施工计划与安排是否与项目安排相一致，施工是否存在困难或阻力，以保证队伍及人员的稳定。

（3）有效的沟通是关键。一是内部沟通。建立各单位管理人员组成的微信群、QQ 群（图 8.3-2），现场发现问题均可以拍照上传，实时反馈并进行处置。对存在的问题

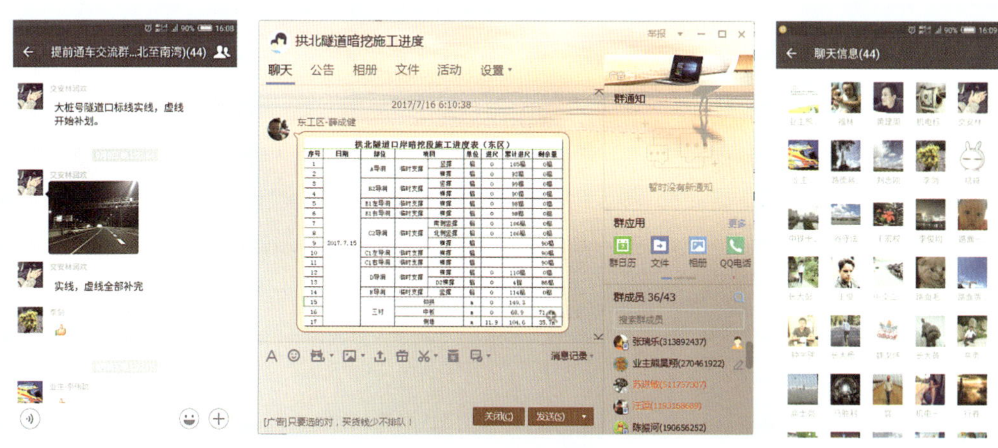

图 8.3-2　“互联网 +”保障现场信息及时、畅通

不回避、不隐瞒，直面问题，及时解决。在交叉施工时，该方法尤其高效，密切了参建各方的交流与沟通，有效避免了矛盾的发生，杜绝了相互拆台、互相制约的情况。另外，在交叉施工高峰期，由业主组织每月召开建设协调会（图 8.3-3），根据现场需要半月或一个月召开一次，通过会议纪要明确下月工作节点任务，无故未完成的，根据合同条款进行处罚。二是外部沟通。通过项目简报、工程简报、半月报等，将项目进展情况及时汇报给省、市、行业主管部门等主要领导，必要时，争取行业主管部门（省交通运输厅、省高速公路总指挥部）支持及协调，并采取向项目部上级单位发函或约谈的措施，对工程的推进具有十分积极的作用（图 8.3-3）。

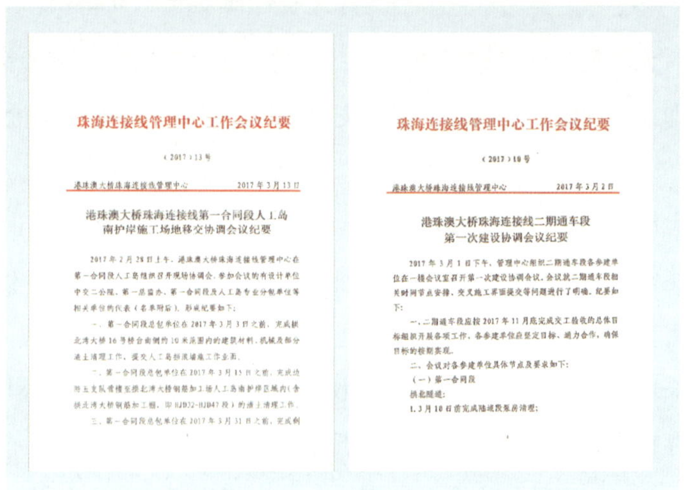

珠海连接线管理中心工作会议纪要

（2017）13 号

港珠澳大桥珠海连接线管理中心　　2017 年 3 月 13 日

港珠澳大桥珠海连接线第一合同段人工岛南护岸施工场地移交协调会议纪要

2017 年 2 月 28 日上午，港珠澳大桥珠海连接线管理中心在第一合同段人工岛组织召开现场协调会，参加会议的有设计单位中交二公院、第一总监办、第一合同段及人工岛专业分包单位等相关单位的代表（名单附后），形成纪要如下：

一、第一合同段总包单位在 2017 年 3 月 3 日之前，完成拱北湾大桥 16 号桥台南侧约 10 米范围内的建筑材料、机械及部分渣土清理工作，提交人工岛挡浪墙施工作业面。

二、第一合同段总包单位在 2017 年 3 月 15 日之前，完成边防五支队营楼至拱北湾大桥钢筋加工场人工岛南护岸区域内（含拱北湾大桥钢筋加工棚，即 HJD32-HJD47 段）的渣土清理工作。

三、第一合同段总包单位在 2017 年 3 月 31 日之前，完成倒

珠海连接线管理中心工作会议纪要

（2017）10 号

港珠澳大桥珠海连接线管理中心　　2017 年 3 月 2 日

港珠澳大桥珠海连接线二期通车段第一次建设协调会议纪要

2017 年 3 月 1 日下午，管理中心组织二期通车段各参建单位在一楼会议室召开第一次建设协调会议，会议就二期通车段相关时间节点安排、交叉施工界面提交等问题进行了明确，纪要如下：

一、二期通车段应按 2017 年 11 月底完成交工验收的总体目标组织开展各项工作，各参建单位应坚定目标、通力合作，确保目标的按期实现。

二、会议对各参建单位具体节点及要求如下：

（一）第一合同段

拱北隧道：

1. 3 月 10 日前完成陆域段泵房清理；

图 8.3-3　进度协调会纪要

（4）完善的制度是保障。成立领导小组，编制并下发《参建单位进场指南》《控制要点》《港珠澳大桥珠海连接线交工验收工作指南》等一系列文件（图 8.3-4）。从进场到施工到退场进行全过程跟踪服务，对需开展的工作进行梳理及明确，避免了重复工作、打乱仗、无效工作等的发生，有效提高工作效率，做到有的放矢。

港珠澳大桥珠海连接线管理中心

港珠澳连接线工〔2016〕266 号

港珠澳大桥珠海连接线管理中心关于下发《港珠澳大桥珠海连接线交工验收工作指南》的通知

珠海连接线第一、二、三、路面、机电、交安合同段项目部，珠海连接线第一、二、机电总监办，珠海连接线试验检测中心：

根据广东省南粤交通投资建设有限公司管理规范年相关要求，为规范项目交工验收工作程序，管理中心制定了《港珠澳大桥珠海连接线交工验收工作指南》，现随文印发给你们，请遵照执行。

特此通知。

附件：港珠澳大桥珠海连接线交工验收工作指南

港珠澳大桥珠海连接线管理中心
2016 年 6 月 1 日

港珠澳大桥珠海连接线管理中心　　2016 年 6 月 1 日印发

图 8.3-4　管理中心下发的各种工作指导制度

（5）适时的激励是手段。针对传统春节、农忙时节等，开展跨年、跨节的劳

动竞赛（图 8.3–5），加大奖励力度，促进项目部加大资源投入，减少节假日对项目推进的影响。同时，在方案中明确要求项目部将一定比例的劳动竞赛奖金用于奖励表现突出的个人、班组，未落实的奖金予以扣回。形成有效的激励氛围，让参建各方各级人员均主动参与到劳动竞赛中来，更有动力、更有干劲。

图 8.3–5　管理中心颁发“劳动竞赛”锦旗

（6）节点的完成是核心。进度管理的最终目的是优质、安全、高效地按时或者提前完成既定任务。任务的完成取决于过程的控制，过程控制的核心在节点目标。大目标下的小节点是否能够顺利完成，决定了大目标能否最终实现。在项目管理过程中，采取了层层分解目标，设定节点的办法，同时辅以周、旬、月、季的产值及形象进度分析，对节点完成情况进行跟踪及掌控，有效避免节点进度的偏差。

（7）文化建设。项目除了各种管理制度、手段以外，更要有一定的企业文化、项目文化，可以建立归属感与荣誉感，稳定人心、稳定队伍、激励士气，进而促进进度等全方位的管理（图 8.3–6）。

图 8.3-6　管理中心现场慰问“送清凉”

第 9 章
技术科研管理

港珠澳大桥珠海连接线是业内技术含量较高、挑战性极大的公路工程建设项目。管理中心始终高度重视科研管理工作，结合工程进展，牵头组织技术攻关，积极转化科研成果，让科研真正做到为工程建设服务。通过对项目隧道及桥梁工程中重大、复杂技术问题进行科学试验及专题研究，不仅提高了项目本身的技术可靠性、工程安全性，降低了工程风险，同时也可为类似复杂条件下的桥隧工程提供借鉴和参考。在解决工程重大技术难题的同时，为我国滨海地区超大断面隧道管幕法设计、施工及超大跨度波形钢腹板连续梁桥的建设提供关键技术支撑，积累宝贵的经验。

9.1 技术专家委员会

9.1.1 技术专家委员会的成立

开工伊始，项目即报请广东省交通运输厅成立港珠澳大桥珠海连接线拱北隧道工程技术专家委员会，邀请包括王梦恕院士、龚晓南院士、陈湘生院士在内的十多位国内知名专家组成技术专家组。

（1）上级主管单位批准同意成立拱北隧道工程技术专家委员会，并提出相关要求：

① 技术专家委员会主要以会议集中审查的方式开展工作，即根据工程需要不定期召开有关技术专题会议；除会议集中审查外，也可根据需要采取专家个人咨询方式。

② 技术专家委员会对项目建设的关键问题应进行分析研究，提出具有前瞻性、针对性、实用性的解决方案，并对存在问题提出改进的意见和建议。

（2）港珠澳大桥珠海连接线拱北隧道工程技术专家委员会具体成员名单

贾绍明　广东省交通运输厅，副厅长

王梦恕　北京交通大学，院士

龚晓南　浙江大学，院士

陈湘生　深圳市地铁集团有限公司，院士

陈冠雄　广东省交通运输厅，技术顾问

左智飞　广东省交通运输厅，副总工程师

陈韶章　广州市地下铁道总公司，教授级高工，原总工程师

蒋树屏　重庆交通科研设计院有限公司，研究员

白　云　同济大学，教授

谢永利　长安大学，教授

刘千伟　上海市城乡建设和交通委员会，总工程师

史海欧　广州地铁设计研究院有限公司，总工程师

陈　勇　福建省东辰岩土公司厦门分公司，总经理

邓小华　广东省交通集团有限公司，董事长

吴玉刚　广东省公路建设有限公司，总工程师

钟显奇　广东省基础工程公司，总工程师

李爱民　交通运输部公路科学研究院，研究员

9.1.2　技术专家委员会的作用

管理中心充分发挥技术专家委员会对拱北隧道的技术咨询和指导作用。技术专家委员会自成立以来，对指导隧道设计、解决施工过程中的关键技术问题发挥了重要作用。

针对拱北隧道建设各阶段的关键技术难点和重点技术方案，管理中心共组织召开了5次技术专家委员会工作会议，邀请技术专家委员会成员和多位业内知名专家莅临现场进行指导或通过电话、网络、函件等方式，及时研究解决设计与施工过程中出现的技术问题，确保技术方案的安全可靠，为工程建设顺利进行提供了技术支持，并为下一步工作方向提供了建议与意见。包括暗挖段顶管管幕施工、全环整体冻结帷幕方案确定、暗挖段开挖方案多次调整优化、异形隧道防灾救援等多方面的指导意见与建议。

（1）2013年9月，在珠海成立了拱北隧道技术专家委员会并召开了第一次工作会议。会后，建设单位组织施工单位和专题研究单位，认真落实了专家会议精神，对顶管施工、暗挖方案、结构防水等进行了专题研究，解决了工程建设中的多个关键技术

问题。例如：顶管管幕关键技术研究提出了顶管顶进和变形与土体应力、变形的关系，为现场顶管施工提供了有力的技术支撑；冻结止水帷幕课题研究对冻结法的盐水温度、限位管温度控制提出了指导意见；变形控制研究分析了暗挖段施工方案的可行性及可靠性；结构防水课题对变形缝防水细部构造等提出了优化意见。

（2）2014 年 10 月，在珠海召开了拱北隧道技术专家委员会第二次工作会议，会议主要对拱北隧道涌水事件进行了总结，并对暗挖段 4 台阶 8 部开挖法及相关辅助措施、隧道防排水设计及明挖段变形缝设置、混凝土裂缝控制、消防救援等问题展开了深入讨论。会后，建设单位组织施工单位和专题研究单位，展开了咨询和研究工作，取得了一系列研究成果：有效控制了涌水事件的再次发生，明确了 5 台阶 10 部开挖方案的研究方向，优化了变形缝设置数量，推进了防灾救援及消防报建等相关工作。

（3）2015 年 8 月，召开了拱北隧道技术专家委员会第三次工作会议，会议主要对拱北隧道暗挖段“全环整体冻结帷幕”方案和“注浆 + 冻结组合帷幕”方案以及暗挖段开挖施工方案等问题展开了深入讨论。会后根据专家意见从以下三个方面指导暗挖施工：

① 结合施工条件进一步优化了暗挖方案与冻结设计方案。基于本次会议精神，省交通运输厅于 2016 年 1 月 28 日组织召开拱北隧道暗挖段设计变更方案评审会议，认为拱北隧道暗挖段原设计 5 台阶 15 部开挖方案及新提出的 5 台阶 14 部开挖方案均可行，考虑到有利于施工组织，做到及时支撑、及时封闭成环，建议拱北隧道暗挖方案采用 5 台阶 14 部开挖方案。

② 建设单位组织召开拱北隧道暗挖段开挖专项施工方案（含应急预案）和安全风险评估评审会议。参建各单位联合组织开展拱北隧道暗挖段掌子面坍塌施工事故应急演练。

③ 在暗挖段东区试开挖阶段，建设、设计、监理、施工四方根据监控量测结果，及时动态调整施工工艺与参数，确保施工安全。

（4）2016 年 10 月，召开了拱北隧道技术专家委员会第四次工作会议，会议主要针对拱北隧道暗挖段试开挖总结及下阶段施工重难点、拱北隧道异形结构机电（含消防）联合设计等问题进行了认真的研究和讨论。与会专家一致认为，根据试开挖施工监测数据反馈结果，拱北隧道暗挖段在顶管管幕 + 冻结止水帷幕的超前支护下采用 5 台阶

14 部开挖工法总体可行；应结合监控量测与受力验算结果，考虑采取仰拱跳槽施工或换撑等方式，确定合理施工方案；进一步加强设计内力（变形）与监测数据对比分析，动态调整设计与施工方案；解冻及融沉注浆期间加强地表及洞内监测；结合工程实际情况对照明系统、洞口隔墙、逃生通道的逃生组织以及加压换气具体方案进行细化设计等。会后根据专家意见进一步落实：

① 组织召开拱北隧道暗挖段三次衬砌施工方案及冻结工程停冻时间延长设计变更方案审查会议。明确了三次衬砌施工顺序及步骤、临时支撑体系拆除的注意事项。结合现场二衬施工完成后的停冻试验结果，将冻结工程停冻时间延长至三衬成环。

② 每周由管理中心组织召开监测周例会，同时对拱北口岸相关建（构）筑物进行安全巡查。针对监测异常情况以及方案局部调整后的监测变化情况进行分析，及时解决现场发生的各类问题。

③ 组织召开拱北隧道暗挖段防水工程设计方案优化专家审查会。在三次衬砌大体积混凝土施工时，采取埋设冷凝管、降温（保温）措施加强养护等以减少混凝土裂缝，加强混凝土自防水功能；三衬结构在环向施工缝部位增设背贴式橡胶止水带，既可提高施工缝的防水质量，又能实现分仓防水；暗挖段与工作井之间增设防水墙，在防水墙与工作井内衬墙之间设置防水层与三衬防水层连接，可解决顶管管口处、顶管与内衬墙连接处等易渗水通道的防水问题；增设路面排水系统等。

（5）2017 年 10 月，召开了拱北隧道技术专家委员会第五次工作会议，会议主要对拱北隧道建设技术与创新进行了总结。

① 拱北隧道下穿拱北口岸，地质条件和环境条件极其复杂，受拱北口岸限制，采用先后分离并行、中间叠层形式设置。经过建设、设计、施工、科研等参建单位多年共同努力，该方案从设计到成功实施，其技术成果显著，是关键技术创新和集成创新的典范。建议下一阶段抓好技术成果总结，促进行业技术进步。

② 空间曲线管幕顶管施工突破了直线平曲线管幕的限制，创造了动力管幕顶管长度新纪录，完善了动力管幕工法，拓展了应用范围。开发了富水砂砾软土互层顶管技术及相关设备，提出了合理的精度控制指标，解决了顶管应急处置、顶管泥浆技术等技术难题。

③ 首创了由常规冻结管、异形冻结管和限位冻结管构成的冻结体系。提出了管幕

冻结效果控制方法，揭示了管幕冻结帷幕形成规律，提供了管幕－冻土复合结构在实际工程中的安全保障。

④ 开发了复杂地层和建筑变形控制技术、“多层多部开挖、立体交叉作业”组织模式和安全风险管控措施，为类似工程提供了借鉴参考。

⑤ 建立了临海隧道结构防排水体系，提出了合理的变形缝间距，研发了排导功能新颖的止水带，并在工程中成功应用。

⑥ 首次构建了双层隧道立体应急疏散体系，建立了包含隧道逃生空腔、逃生楼梯、消防电梯在内的逃生区域紧急通风计算标准和模型。

9.2 重大技术方案审查

9.2.1 拱北隧道暗挖段冻结土体预注浆改良方案

拱北隧道采用顶管管幕＋冻结止水帷幕形成超前支护体系、矿山法开挖的施工方法。为了形成曲线管幕条件下管幕之间冻土止水帷幕，采用在管幕中布置冻结管的方法（简称“管幕冻结法”）。管幕冻结法采用三种特殊形式的冻结管（圆形冻结管、异形冻结管和限位管）实现冻结、冻土维护和冻胀限制等重要功能，并可适应超大断面、长距离条件下的分区、分段开挖和支护的特殊施工工艺。管幕冻结法是全新的冻结法，在全世界尚属首例，理论上尚属空白。由于缺乏可借鉴的经验，管理中心组织开展了理论研究、冻结方案可行性的大型物理模型试验研究、“管幕－冻土”结构力学性质的实验室研究和冻结方案及控制参数的现场试验研究，以及大量的微观数值模拟研究。经过三年多的全面研究，解决了管幕冻结法的基本理论问题、论证了冻结方案的可行性、基本掌握了实际工况下的冻结规律和控制效果。但面向实际工程条件和潜在的风险因素，依然存在一定的不确定性，尚未形成切实可靠的风险控制手段。

拱北隧道的极端险情是管幕间冻土帷幕止水性能失效。由于隧道所处地层为强透水地层，地下水与海水连通，一旦在砂性地层中止水帷幕失效，将发生帷幕击穿、水土大量涌入的险情。由于砂性地层冻土的特性，在水流冲刷条件下冻土将快速融化，漏水通道将加速扩大，导致险情迅速恶化。另一方面，由于隧道断面超大，抢险条件差，针对突发水土涌入险情，难以及时采取有效的抢险措施。

因此，必须采取措施，改良管幕周围土体，以提高其强度和抗渗性能。

为此，管理中心及时组织召开拱北隧道暗挖段冻结土体改良注浆方案专家研讨会，会议邀请业内知名专家及各相关单位代表，对冻结土体预注浆改良方案展开广泛、深入的研讨。

通过研讨，会议确认了拱北隧道暗挖段原设计方案采用的管幕冻结法进行止水的可行性。认为预注浆改良地层对提高拱北隧道暗挖段冻结止水帷幕的可靠性将起到积极的作用。预注浆改良可改善顶管扰动地层的状态，提高冻土抗水流冲刷能力和冻土体的力学性能指标，减小冻胀融沉，降低冻土透水风险。可结合现场条件及施工情况，开展施工现场注浆试验，研究确定预注浆处理的合理范围，并根据试验结果对预注浆工艺进行优化。

9.2.2 拱北隧道暗挖段管幕顶管冻结设计施工阶段性总结

2015 年 5 月，拱北隧道顺利完成管幕顶管施工和现场冻结试验。结合工程施工进度，为总结管幕顶管施工和冻结试验工作，研究、审查管幕冻结设计方案，推进后续管幕冻结施工，广东省交通运输厅组织召开了拱北隧道阶段性设计施工总结审查会议。会议邀请了以王梦恕院士为代表的多名国内知名专家，为施工阶段性总结与设计方案把脉问诊。

拱北隧道管幕顶管在珠三角软弱不均混合地层中成功实施，通过在高水压下顶管止水及增加套筒带压接收、群管轨迹及顶管机姿态精准控制、多机组同步顶管顶进及多管之间相互影响等方向技术创新，解决了复杂地层曲线管幕顶管难题，形成了成套技术，填补了国内空白。专家认为可以通过以下几个方面继续加强总结，形成规范指南，在国内同行业中作为典范工程案例以供借鉴。

（1）泥水平衡工艺中泥水处理系统的合理分离和絮凝系统的开发应用；

（2）UNS 导向系统和自动纠偏系统在长距离、多曲线顶管中的应用；

（3）复杂地层顶管管节接缝止水和带压接收的经验总结。

通过拱北隧道管幕冻结现场试验，获得了大量的关键冻结参数，成功地指导和完善了管幕冻结设计方案。

以管幕冻结现场试验为依据，结合试验获得的关键参数，优化了管幕冻结设计方案，使其更加科学合理。专家建议从以下几个方面予以进一步完善：

（1）明确冻结壁在管幕冻结中的作用，以此对冻土帷幕厚度、冻土强度进行验算，尤其是隧道的最薄弱环节应加强核算；

（2）考虑开挖后实管与空管变形引起的不均匀沉降，应对冻土与顶管的协调变形能力进行验算，防止冻土与顶管开裂形成渗水通道；

（3）对管幕冻结中实管与空管所需冷量进行复核，以便确定合理的供冷系统、冻结工艺与冻结顺序。

同时，实施信息化施工，加强冻结过程中的监测，及时分析监测数据，据此调整冻结运转过程，确保工程可控，降低施工风险。

另外，要求施工单位编制详细的专项应急预案，提出风险控制措施，降低冻结开挖施工过程中的风险。

9.2.3 拱北隧道暗挖段开挖方案设计优化

拱北隧道口岸暗挖段顶管施工和冻结施工顺利完成后，即进入开挖施工。设计单位和施工单位结合现场实际施工情况和相关工程经验，提出了优化的暗挖段开挖方案。为合理确定开挖方案，有效控制施工风险，广东省交通运输厅于 2016 年 1 月 28 日组织召开了拱北隧道暗挖段开挖方案设计优化审查会议。

会上，施工单位结合隧道施工组织以及多年施工经验，对暗挖段开挖设计方案提出了调整建议；设计单位针对施工单位提出的调整方案进行了计算复核并提出了改进方案；科研单位结合科研成果提出了方案调整后的施工注意事项。

结合参建各方的意见，经过专家的质疑与讨论，提出了以下建议：

（1）拱北隧道暗挖段原设计 5 台阶 15 部开挖方案及新提出的 5 台阶 14 部开挖方案均可行，考虑到有利于施工组织，做到及时支撑、及时封闭成环，可以采用 5 台阶 14 部开挖方案，两道竖撑调整为竖向斜撑。各参建单位应据此调整临时支撑系统方案。

（2）关于开挖方案，类双侧壁导坑的开挖方案能更快封闭成环，对控制变形有积极作用，建议采用类双侧壁导坑开挖方案，并尽量实现对称开挖。同时加强竖向斜撑的监测，防止竖向斜撑产生失稳现象。

（3）洞内土体注浆方案由原设计的竖向袖阀管注浆调整为全断面水平注浆。应研究注浆施工控制参数，控制注浆质量。

以此次会议精神为依据，施工单位于 2016 年 6 月对暗挖段正式进行试开挖施工。

在试开挖工程中，结合施工遇到的各类问题，对开挖方案进行了进一步的细化调整、优化，主要有以下几点：

（1）拱北隧道暗挖段两道斜向竖撑调整为竖向垂直支撑，将类双侧壁导坑的开挖方案调整为台阶法，对称开挖，中间导洞先行，及时安装垂直竖撑（图 9.2–1）。

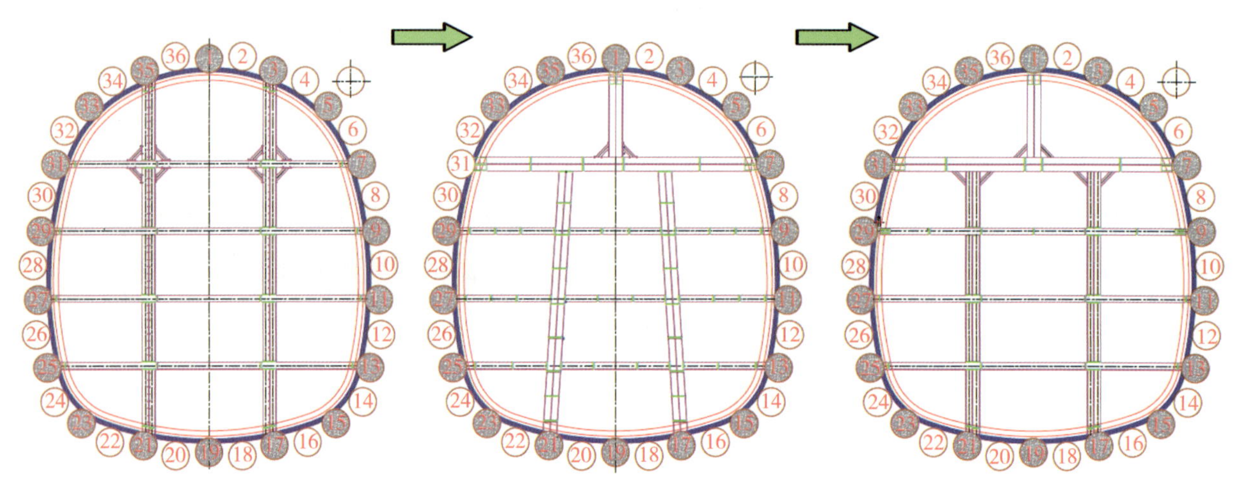

图 9.2–1　拱北隧道暗挖段开挖方案调整

（2）根据洞内监测情况，以及现场施工情况，第 1 台阶初期支护厚度及工字钢间距进行了局部调整。按设计开挖方案要求，初期支护随开挖随支撑，二次衬砌施工紧跟开挖作业面，待第 5 台阶二次衬砌达到设计强度后，开始自下而上依次施作三次衬砌。初期支护厚度由 30cm 减小至 22cm，二次衬砌随之由 30cm 增加至 38cm（图 9.2–2）。

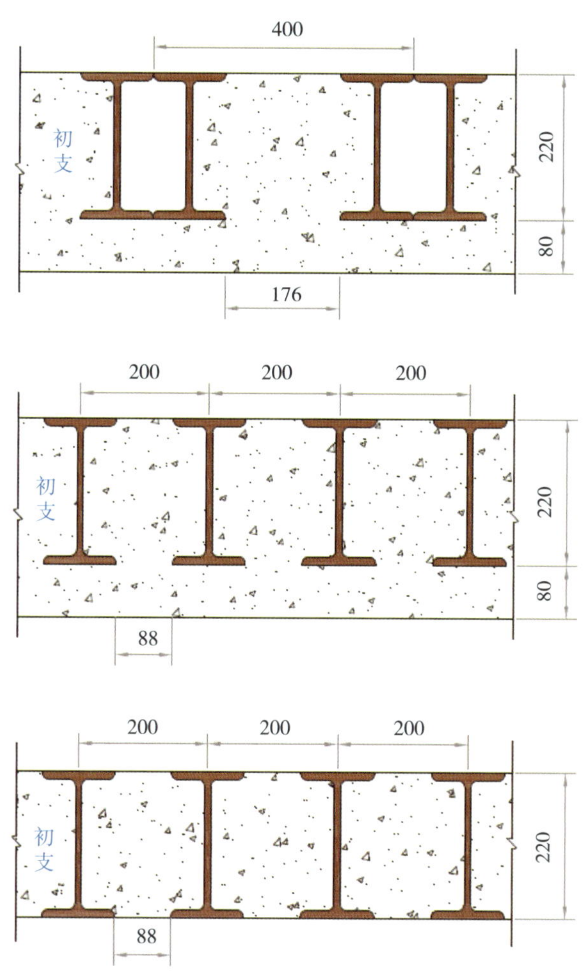

图 9.2-2 拱北隧道暗挖段初支方案调整（尺寸单位：mm）

9.2.4 拱北隧道暗挖段解冻及融沉注浆专项施工方案审查

2017 年 4 月，拱北隧道暗挖段完成开挖作业，隧道全断面贯通，转入主体结构施工阶段。主体结构施工完成后，即可进行解冻施工。由于拱北隧道暗挖段位于拱北口岸正下方，解冻施工必然伴有融沉现象，对口岸地表、建（构）筑物以及隧道自身都将产生影响。因此解冻及融沉注浆施工，应以控制融沉为目的，尽可能减少对周边环境及自身的影响。为此，2017 年 6 月 29 日，管理中心组织召开了拱北隧道暗挖段解冻及融沉注浆专项施工方案评审会议。

（1）方案总体评价

根据冻胀融沉机理分析，解冻前应进行注浆控制融沉，以保护地面建筑物安全，控制隧道沉降。

施工方案将隧道断面从上至下分为 ABC 三个区域，按 ACB 的顺序进行解冻施工，方案总体可行（图 9.2-3）。

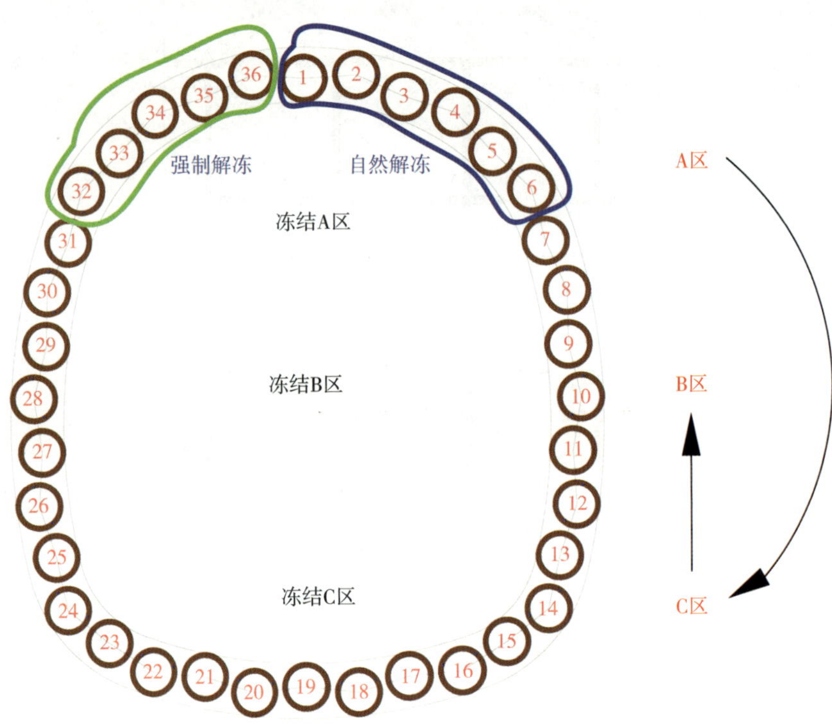

图 9.2-3　拱北隧道暗挖段解冻方案示意

（2）意见与建议

① 关于 A 区解冻及融沉注浆施工

施工前，应通过 A 区进行解冻试验，验证强制解冻的合理性，并获取解冻及注浆施工参数。在隧道两侧分别进行强制解冻和自然解冻的相关试验。对可能出现的不均匀沉降，需完善相应的应急措施。

由于隧道埋深较浅，A 区解冻注浆宜按试验获得的注浆参数以及注浆实际压力进行双控，在保证地面及相关建（构）筑物安全的前提下，防止地表出现隆起、冒浆等现象。另外，为保证拱北口岸风雨廊的安全运行，必要时增加地表跟踪注浆措施以控制风雨廊变形。

② 关于 C 区解冻及融沉注浆施工

C 区注浆是防止隧道下沉的关键，结合现场实际情况，原则上同意 C 区预留 16 号、22 号顶管先不填充混凝土，以作为融沉注浆的施工作业面，其余顶管解冻前予以填充封闭。鉴于顶管注浆压力及范围有限，建议根据现场施工条件及施工风险，尽可能预留更多空顶管先不填充混凝土，待融沉注浆完成后，结合监测结果，适时填充混凝土封闭空管。

如 C 区注浆对增加隧道下卧层围岩抗力方面作用不明显，建议进一步研究相应的注浆方法，如多孔注一孔抽，适当加大注浆压力等方式，以解决下卧层围岩抗力不足问题。

③ 关于 B 区解冻及融沉注浆施工

B 区解冻后的融沉问题，可通过 A 区或地表进行注浆控制地表变形解决。建议结合 A、C 区解冻及注浆情况，合理选择空管封堵的时机。

④ 其他

解冻施工前，应全面检查空顶管内预留注浆孔和实顶管填充密实情况，防止解冻及注浆过程中涌水涌砂，并制定相应的应急预案。

解冻及融沉注浆过程中，应加强冻土帷幕温度场、地表及隧道变形等监控量测，做到监测信息共享，确保隧道上方拱北口岸及隧道自身结构的安全。

以会议精神为依据，结合现场及极端天气影响，明确解冻及融沉注浆施工方案。

在解冻施工过程中，结合施工遇到的“天鸽”台风影响及建构筑物基础形式设计的具体情况，对解冻方案进行进一步的细化调整、优化，主要有以下几点：

（1）施工前，通过 A 区进行解冻试验，验证强制解冻和自然解冻的合理性，并获取解冻及注浆施工参数。解冻试验在暗挖段隧道三次衬砌全部完成且无明显渗漏水后实施。

强制解冻。选择 1 号、3 号顶管进行循环热盐水解冻，选取 2 号、4 号、6 号顶管进行强制通风并加热盐水进行强制解冻。热盐水去路温度控制在 30~ 70℃。强制解冻采取间歇式运行模式。

自然解冻。选择 32 号、33 号、34 号、35 号、36 号顶管进行自然解冻。试验开始前打开洞口保温板，拆除管内保温等材料，自然通风，开启不加热盐水循环解冻。根据土体内温度测点分析及地面沉降监测信息，对比强制解冻进行分析，及时调整解冻方式。

注浆方式。注浆过程中，横向以隧道中轴线为对称点左右管道同时平衡注浆，纵向按照每间隔 8m 利用两个注浆孔注浆，理论平均融化速度为 40mm/d，单孔注浆量不超过 0.121m^3/d。注浆压力不超过理论水压 2 倍，采取低压力多次循环注浆方式，防止注浆量超标引起地表隆起、漏浆等事故。

监控量测报警值。根据土体及顶管内的测温数据密切监控冻土融化，做到注浆量与融沉量相统一。累计报警值可作为预警参考，以冻胀发生后的变形量为控制标准。数据异常时，应在确保异常数据准确无误的前提下，向各参建单位报警启动相应的应急预案。

（2）受“天鸽”超强台风影响，隧道 C 区提前进行自然解冻。

（3）珠海侧风雨联廊为单桩单柱结构，其设计桩长为 15 米，B 区珠海侧采取自然解冻方式，避免因强制解冻造成地层沉降过快影响建构筑物稳定。

9.3 科研规划

项目筹建阶段，依托关键工程建设，管理中心编制了详细的项目科研规划，主要开展隧道、桥梁、管理等 3 个方向的研究（图 9.3–1）。报请省交通运输厅组织召开科研规划专家评审会后，明确了项目科研工作的开展方向及课题研究内容。

结合科研规划，项目管理中心作为第一承担单位牵头积极申报省交通运输厅、国家交通运输部科技项目，主要包括：

（1）隧道类

① 交通运输部科技项目“港珠澳大桥珠海连接线拱北隧道建设关键技术与应用研究”（2013318J11300）。研究目标主要解决以下技术难题：复合地层长距离组合曲线顶管施工及管幕形成控制技术、临海环境高水压下超长冻结止水帷幕施工关键技术、复杂环境下浅埋超大断面隧道施工变形控制、临海环境下隧道结构防水技术及其应用。

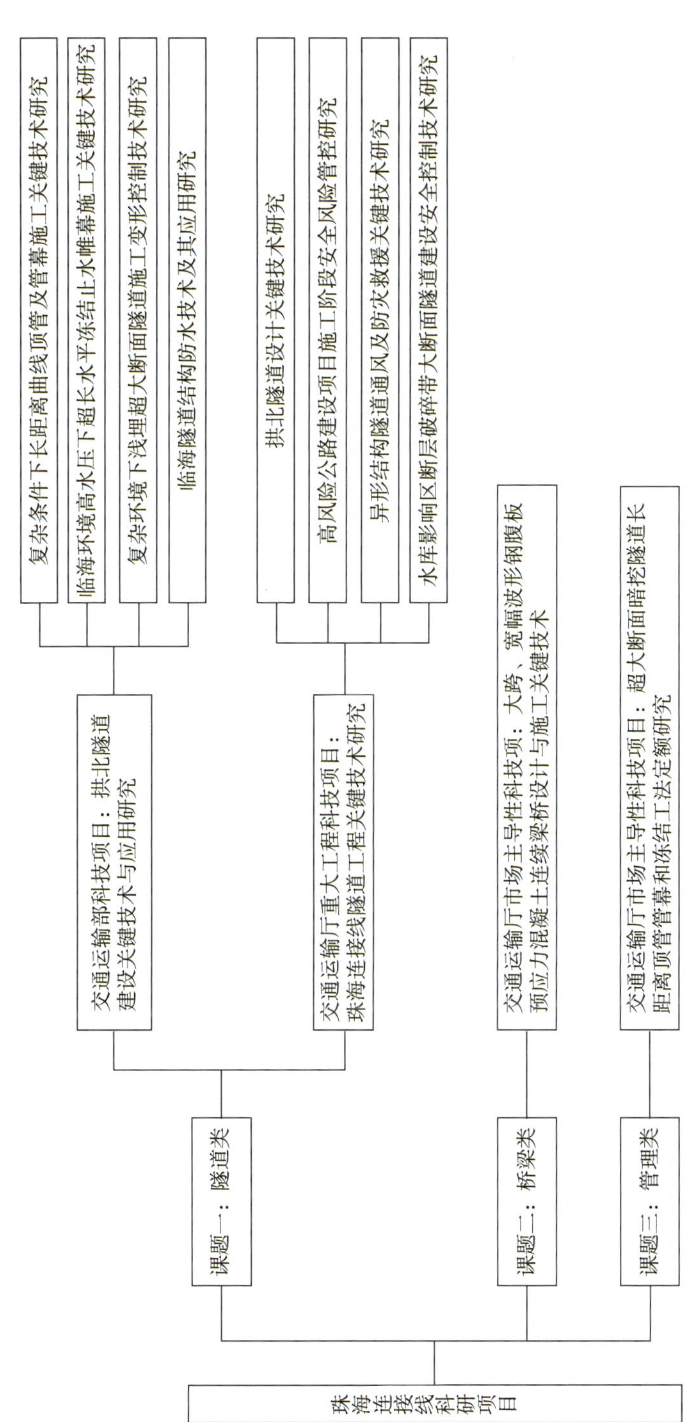

图 9.3-1 港珠澳大桥珠海连接线科研项目

② 广东省交通运输厅科技项目计划重大工程项目“港珠澳大桥珠海连接线隧道工程关键技术研究”（科技 -2016-01-001）。研究内容包括四项专题：拱北隧道设计关键技术研究、高风险公路建设项目施工阶段安全风险管控研究、异形结构隧道通风及防灾救援关键技术研究、水库影响区断层破碎带大断面隧道建设安全控制技术研究。

（2）桥梁类

广东省交通运输厅市场主导性科技项目“大跨、宽幅波形钢腹板预应力混凝土连续梁桥设计与施工关键技术”（科技 -2012-02-016）。研究目标主要是解决前山河特大桥主桥设计与施工建设的关键核心技术难题，为前山河特大桥工程的顺利推进提供技术支撑。

（3）管理类

广东省交通运输厅市场主导性科技项目“港珠澳大桥拱北隧道顶管管幕和冻结工法工程定额研究”（科技 -2013-02-034）。开展此项研究的主要目的是填补公路行业顶管管幕和冻结工法预算定额的空白，形成补充定额，为今后类似工程提供参考与借鉴。

9.4 项目科研过程动态管理

（1）结合工程进展动态调整科研内容

管理中心科研课题，研究的主要目的是解决施工建设的关键核心技术难题，解决施工遇到的一系列问题。项目研究工作针对性强、与实际施工生产联系紧密。

管理中心高度重视科研项目的过程管理，安排专人跟进各科研项目的研究进展，定期召集各承担单位对项目实施进展以及存在的问题进行深入分析研究。结合工程建设施工，以服务工程建设为导向，及时调整下一阶段科研工作内容和方向。

自 2013 年成立港珠澳大桥珠海连接线拱北隧道工程技术专家委员会以来，管理中心要求与会议议题相关的科研专题单位积极参与，并且按要求汇报相关科研成果，便于专家委员会成员对技术方案进行综合评判，为设计、施工以及科研提供指导意见。

（2）定期组织科研专题会议

项目建设阶段，共进行课题汇报交流 10 余次，及时组织召开阶段性成果总结及评审会议。同时，邀请行业内知名专家进行评审并提出宝贵意见。

根据科研承担单位与施工方共同完成的现场试验顶管、冻结试验等科研成果，管理中心及时组织召开了拱北隧道管幕顶管、冻结设计施工阶段性总结、暗挖段开挖施工优化等相关总结会议，合理利用科研成果，为优化设计、施工方案提供了技术支撑。

（3）统筹管理，加强科研项目各子课题间的横向联系

在管理中心的组织下，各课题承担单位之间建立了专门的联络小组。项目业主召集各研究内容的主要参与人员建立了研究资料共享群组（QQ工作群或微信群），定期上传增补群内文件，尽量做到各个子课题负责单位之间成果共享。

（4）积极发表学术论文、组织学术会议，有效利用研究成果

为更好地利用该项目的研究成果，有效地应用于拱北隧道工程以及其他类似工程中，各课题项目组积极撰写学术论文，并公开发表在权威学术期刊与国际会议中。

项目科研阶段，共组织了4次相关的学术会议：（1）2013管道工程与非开挖技术国际研讨会，由中国地质大学（武汉）主办；（2）2014年顶管技术创新与应用高峰论坛，由中国地质大学（武汉）与同济大学联合主办；（3）第六届管道工程与非开挖技术国际研讨会，由中国地质大学（武汉）主办；（4）第二届全国水下隧道建设与管理技术交流会，由中国公路学会与广东省交通运输厅联合主办、港珠澳大桥珠海连接线管理中心承办、中交第二公路勘察设计研究院有限公司及中铁十八局集团有限公司协办。

9.5 技术方案结合科研成果动态管理

项目采用管幕+冻结工法为首创，技术方案的确定均在信息化监控数据的支撑、安全风险受控的前提下，及时总结科研成果并动态调整技术方案，再通过监控数据及时反馈，优化技术方案，确保项目建设的有序平稳推进。

9.6 科研成果转化

管理中心始终高度重视科研成果转化，切实做到让科研真正为工程建设服务，为项目建设保驾护航。

（1）珠海连接线拱北隧道相关科研工作贯穿隧道设计与施工全过程，科研紧密联系实际，分阶段进行：

①“拱北隧道设计关键技术研究”课题，通过理论分析、室内试验、模型试验和数值模拟等多种方式，获得了众多研究成果。设计单位运用该系列成果不断优化设计，将科研成果成功运用于拱北隧道技术设计和施工图设计中。

②“拱北隧道建设关键技术与应用研究”课题，以施工图设计为基础，通过施工现场原型试验、数值模拟等多种研究方式，验证了设计方案可行性的同时，也为隧道设计参数局部优化提供了借鉴。在隧道施工期间，科研单位始终参与在工程一线，采集现场原始数据，作为研究分析的基础，并为施工方案优化及参数动态调整提供依据。

③ 涉及重大方案调整时，参建各方须共同参与。尤其科研专题负责单位应根据阶段性研究成果，提出建议与意见，并以商讨后确定的调整方案作为下一步研究内容，为设计与施工持续提供技术支撑。

在管理中心组织下，各参建单位相互配合，2017 年 4 月 10 日顺利实现了拱北隧道全线贯通。标志着港珠澳大桥珠海连接线拱北隧道关键核心技术取得重大突破，其中，曲线管幕顶管成套施工技术、长距离大断面水平环向一次冻结技术填补了我国建筑领域的空白。

（2）“大跨、宽幅波形钢腹板预应力混凝土连续梁桥设计与施工关键技术研究”成果为前山河特大桥的设计与建造提供了技术支撑。以科研成果为基础，完成了前山河特大桥上部结构施工图设计工作。

（3）“港珠澳大桥拱北隧道顶管管幕和冻结工法工程定额研究”，结合工程实际进度，完成了顶管管幕、冻结工程以及暗挖段开挖的定额研究，并据此核定了相关费用。该成果填补了公路行业顶管管幕和冻结工法预算定额的空白，并为拱北隧道工程变更、可能发生的索赔（反索赔）等提供了科学、合理、客观的费用核定依据。

9.7 技术科研管理体会与建议

珠海连接线项目科研对工程建设的核心技术难题进行科学试验研究，通过资料调研、理论分析、数值模拟、室内试验和现场试验等多种方法，获得丰硕的研究成果。但同时，项目在科研管理过程中，也不可避免地存在一些问题和不足。科研的财务管理过程有待进一步加强，科研管理规划的落实不够彻底；部分重大方案的确定未考虑后续营运管理需求。

科研管理的建议应结合科研任务书、工作大纲细化落实，过程定人员并按照相关要求实施相关科研管理工作；采取“先分离并行，再上下重叠，后分离并行”的双层公路隧道应考虑运营养护及应急处治时需要，分段设置应急停车带。

第 10 章
党风廉政建设

港珠澳大桥是“一国两制”背景下两岸三地首次合作共建的超大型基础设施项目。珠海连接线项目里程虽短，但建设条件复杂，风险控制要求高；地理位置特殊，协调及征拆难度大；投资总额巨大，廉政风险极高；作为大桥的重要组成部分，政治敏感性高。如何实现“双廉双优”（工程廉政、干部廉洁、工程优质、干部优秀）目标，是珠海连接线管理中心自成立以来一直深入思考的重大问题。

10.1 用党建为工程建设保驾护航

习近平总书记在国有企业党的建设工作会议上明确指出，国有企业要坚持党建工作服务生产经营不偏离。项目建设期间，中心党支部认真贯彻上级党委的决策部署，围绕工程建设中心任务，以“双廉双优”为建设目标，秉承抓党建、促生产的理念，团结带领内部员工及各参建单位，共同推进项目建设各项工作，做到党建工作、业务工作两手抓、两不误、两促进。

10.1.1 学做结合，常态长效促知行合一

中心党支部以“三会一课”为载体，推动党的群众路线实践教育活动、“三严三实”、“两学一做”学习教育常态化制度化。通过“书记讲党课，党员写感言”的方式，在支委会、党员大会和班子会前专门安排时间，进行读党章、学讲话等政治理论学习，加强党性党风党纪及廉政教育。找准学习教育与日常工作的结合点，明方向、鼓干劲，引导党员干部把学习成果转化为促进生产经营的具体思路和实际举措，把学习过程转化为坚定信心、破解难题、推进工作的过程。

与此同时，党支部不断创新学习载体，拓展学习形式。举办“两学一做”知识测试（图 10.1-1）和《党章》知识竞赛，组织手抄《党章》，开展“颂经典、谈感悟、借智慧”读书征文活动等，用寓教于乐的学习方法激发学员兴趣，不断提高党员干部的

思想政治觉悟，务求“真学、真懂、真信、真用”。

图 10.1-1 党支部“两学一做”知识竞赛

10.1.2 示范引领，从严锻造“关键少数”核心团队

项目建设期管理人员中党员比例接近 70%。为此，中心党支部从严管党治党，以“共产党员先锋岗”创建活动为引领，充分发挥党支部的战斗堡垒作用和党员的先锋模范作用。

首先，强化政治原则。按照“讲政治、讲原则、讲规矩”的要求，建立健全议事规则等各项党建工作制度。坚持民主集中制，凡重大事项杜绝个人或少数人代替集体决定或未经酝酿匆忙决定的现象；坚持民主生活会制度，开展党员党性分析，达到“出汗红脸”的效果。其次，强化作风纪律，凡涉及作风纪律方面的事项，无论大事小情，都是严字当头、不留情面；对于苗头性或倾向性的问题，做到早打疫苗、及时提醒。中心全体党员干部把规矩和纪律立在前头，躬行践履，以上率下，提高了服务项目建设的能力和水平。

10.1.3 润物无声，党建工作与项目建设相得益彰

项目管理和生产一线人员来自五湖四海，远离家乡。中心党支部把群团工作作为党建工作的重要内容，充分发挥党小组、工会、共青团、女工委等群团组织贴近群众、凝聚人心、服务发展的桥梁纽带作用。通过主动了解职工婚、丧、病、困等生活工作状况，在传统节假日开展送温暖等活动，做到员工冷暖有人问，急事难事有人帮；利用会议、活动、谈心、交流等方式，引导广大职工立足本职创佳绩。项目党建于无声处润人心，于细微处见成效，调动了管理中心员工的工作积极性，提升了生产一线人员的战斗力。

10.1.4 创先争优，真正“将支部建在工地上”

党支部聚焦项目建设中的重点、难点问题，把提升项目建设和管理水平作为检验党建工作实效的主要标准，使党的主张、党的作风、党的力量在工程建设中心工作中处处彰显。

为了保证施工质量和进度，党支部充分发挥党员干部队伍的先锋模范作用，配合主要业务部门组织“创先争优”劳动竞赛，号召各参建单位加大资源投入，不断掀起“比学赶超帮”的劳动热潮。尤其是面对关键性控制工程拱北隧道暗挖段这一世界级工程技术难点，中心党支部组织“党员先锋队”（图 10.1–2），凝聚参建单位战斗攻坚合

图 10.1–2 党员先锋队

力，经过近5年的持续奋战，最终成功克服难题，其工艺工法刷新了多项世界纪录。

10.1.5　虚功实做，项目建设又快又好

在生产经营中落实党建工作，以党建工作带动生产经营，正是由于有这一思想作指导，项目建设不断开花结果。多次在广东省在建高速公路工程质量监督综合检查评比中获优异成绩；被交通运输部列为第四批部级“平安工地”示范创建项目；2016年一期工程南湾互通至洪湾互通段实现提前通车；2017年4月关键控制性工程拱北隧道全隧贯通；全线与港珠澳大桥同步建成通车。管理中心先后获得“全国五一劳动奖状”“中国工人先锋号”“全国交通基础设施重点工程劳动竞赛先进单位”等荣誉称号。

要使党建工作落到实处，必须要正确理解“书记抓、抓书记”的党建工作责任制，通过充分发挥书记带头抓的示范效应，不断提高基层党建科学化水平。本项目被广东省交通运输厅列为厅党委书记主抓的“书记项目”。通过采取重点难点集中抓，突破瓶颈求实效，书记带头研究制约项目进展主要问题，取得了突破性进展。项目建设过程中，党支部以“书记项目”为载体，巩固和拓展现有党建工作成果，重点加强基层党建与营运品牌创建的深度融合，更好提升党建服务项目建管养全局的实效性。

10.2　全力推进廉政惩防体系建设

珠海连接线项目是省纪委监察厅打造重大建设项目廉政防控的“试验田”。自筹建以来，管理中心始终秉持“世纪大桥，廉洁同行”建设理念，紧紧围绕“双廉双优”廉政建设目标，坚持一手抓工程质量、安全、进度管控，一手抓项目廉政建设，着力打造工程优质、干部优秀的“阳光工程”，做到“两手抓，两手硬”。经过多年实践，廉洁从业意识深入人心，风清气正的氛围培育形成。

10.2.1　所有招标全部纳入专员办监督

项目筹建伊始，廉政建设就已纳入了港珠澳大桥工程廉政工作领导小组和广东省监察厅派驻港珠澳大桥工程监察专员办公室的监督管理中。中心党支部迅速成立了相应的机构，各参建单位也选派了政治过硬、业务精湛的同志担任廉政监督员，形成了“领导小组、派驻监察专员办、特聘监察专员、廉政监督员”四级廉政监督网络体系，

有效保证了廉政监管的组织到位、人员到位、思想到位、责任到位。中心党支部未雨绸缪，主动接受专员办的廉政工作监督和指导，将项目各参建单位全部纳入廉政监督体系，所有招标工作全部纳入专员办的监督范围。

项目建设期间就招标工作从未收到任何有效投诉。所有中标单位主要负责人在入场 1 个月内均接受了专员办和管理中心组织的廉政预警谈话（图 10.2–1）。自开工以来，对中标单位开展任前预警谈话实现全覆盖，切实做到早提醒、早预防。

图 10.2–1 中标预警谈话

10.2.2 整合资源，形成内外监督合力

为从源头上预防和遏制职务犯罪，2013 年，最高人民检察院将珠海连接线项目确定为全国 100 家重大预防项目进行挂牌督办。作为广东省 3 家重点预防项目中唯一的工程建设项目，管理中心与珠海市人民检察院共同签署了专项预防工作方案，多路径构建起企检联防联建工作机制。双方调查筛选出征地拆迁、施工、工程监理三个易发多发职务犯罪的环节和岗位，推出《专项预防职务犯罪工作实施方案》；特别是对于征地拆迁这一廉政风险高发领域（占总投资的 1/3），专门制定了《征地拆迁预防工作方案》，确定了 5 类重点预防对象，详细列举分析了征地拆迁补偿领域的 16 个风险环节，并根据不同对象和环节出台了多项预防措施。双方还通过开展检察预防咨询活动、联

席工作会议、预防职务犯罪专题讲座、深入施工现场检查等形式（图 10.2–2），同步构建教育、管理、监督三位一体的惩治和预防腐败工作机制，将专项预防职务犯罪工作引向纵深，打出内外监督“组合拳”。

图 10.2–2　珠海市人民检察院检查施工现场

同时，管理中心借助廉情预警系统，科学评估风险。通过积极参与珠海市廉情预警评估系统的试点建设，并纳入省南粤交通公司率先在省直单位政府投资工程项目中整体推进，接受全方位监督。项目建设期内，录入的 885 条信息中，共产生预警 4 个，管理中心认真分析原因，立即进行整改。同时，按照系统的要求，填报了情况说明，报送了整改情况及措施，并上传了相关佐证材料，所有预警均已整改闭合。

10.2.3　开展“五类廉政风险点”排查

管理中心积极推进廉政风险排查防控工作，组织全体员工围绕思想道德、岗位职责、业务流程、制度机制、外部环境等“五类廉政风险点”开展岗位风险排查和防控；围绕工程流程、具体环节等深入开展风险点识别、排查及措施制定工作，积极构建工程建设领域管理流程廉政防控体系；针对人员岗位变化、工程建设流程变更，及时修订完善防控措施，做好滚动排查，逐步形成以岗位为点、以程序为线的风险防控体系，做到风险防控无死角。

此外，中心党支部还定期开展廉政风险排查和防控“回头看”活动。项目建设期间，共梳理出 116 项高级风险点、207 项中级风险点、100 项低级风险点，制定了 278 项高级防控措施、410 项中级防控措施、186 项低级防控措施（图 10.2–3）。通过廉政风险排查和隐患整改，有效督促职能部门进一步完善管理制度和优化管理流程，扎紧制度的笼子；促使重点岗位、重要人员切实提高思想认识，自觉远离腐败。

图 10.2–3　廉政风险排查成果汇编

10.2.4　推行阳光政务，促权力互相制衡

按照省交通运输厅“阳光政务”建设总体部署和要求，管理中心立足于项目实际和特点，全面梳理各板块管理工作，尤其是重点领域、关键环节的风险点，制订了《阳光政务实施方案》，编制了《阳光政务复核小组议事规程》和 22 项业务职权事项清单。同时，成立了 1 个监督问责小组和 3 个复核小组，对需要实行阳光政务审核的事项进行交叉复核。建设期内，共通过阳光政务方式审核 258 项事务，实现了项目重点业务管理权力清单化、流程规范化、结果公开化、监督全程化。

10.2.5 以考促廉，避免工程与廉政相脱离

为推进工程建设与廉政建设同时落地，管理中心提出廉政建设“精细化管理”的理念。在项目建设大干快上关键阶段，以强化廉政履约为抓手，建立了廉政建设履约考核工作机制，制定了《各参建单位廉政考核工作办法》。管理中心坚持每季度对参建单位考核一次，量化廉政考核指标，重点从“廉政制度建设、廉政风险防控、日常工作机制、廉政宣传教育”等四个方面进行考核，有效规范和监控各参建单位在建期间的履职履约行为。考核分值计入劳动竞赛总成绩，季度考核分数低于 85 分的单位，其劳动竞赛“廉政建设”栏成绩为零。同时，按季度对管理人员岗位风险及其防控措施落实情况进行抽查，及时通报抽查结果。这种以考促廉的做法，有效避免了工程建设和廉政建设脱节现象，切实让项目“双廉双优”建设目标落地有声（图 10.2–4）。

图 10.2–4　对参建单位进行廉政考核

项目自建设以来，中心党政领导班子以“零容忍”的态度，努力确保工程建设“零腐败”、工程质量“零缺陷”、工程安全“零伤亡”。项目建设期间，未发现一起重大违法违纪事件，初步实现了“双廉双优”的建设目标。同时，通过先行先试，在政府投资项目全过程派驻监察、廉情预警系统运行、专项预防职务犯罪、廉政文化培育等方面探索出一套行之有效的做法，为政府投资项目的廉政建设积累了一定的经验。

第 11 章 企业文化建设

珠海连接线项目作为港珠澳大桥的重要组成部分，其建设难度和政治意义较一般高速公路项目高出许多，设计、施工均为高标准、严要求。项目从初步设计到建成通车历时十年之久，相当于三个常规高速公路建设时长。为确保圆满完成建设任务，项目注重通过文化的力量凝聚人心，充分发挥人的作用，增强凝聚力，引导员工形成共同的价值观，攻坚克难，打造精品工程，共同缔造世纪大桥。

11.1 以人为本，建立精干高效队伍

珠海连接线项目建设期面临着巨大的技术挑战，建设一支高效精干的管理团队是项目成功的关键。为此，项目企业文化以提高人的素质为根本，把着眼点放在人上，通过树立共同的目标，凝聚人心，以文化的力量感召全体人员不遗余力为之努力。在管理团队建设方面，把好人员配备的源头关。工程建设期间，参与项目管理的人员约 70 人，本科学历以上人员占比 94%，中高级职称人员占比 70%，这为建立高素质队伍打好了坚实的基础；其次注重建立学习型团队，通过抓好专业技术培训和提升，技术骨干主导开展了多项课题研究，先后完成了四个科研课题，取得了一系列科研成果，成功应用于工程建设中；同时，注重提倡、鼓励团队协作，项目建设期间，征地拆迁部获得“工人先锋号”荣誉称号；工程管理部、计划合同部等先后荣获港珠澳大桥劳动竞赛先进班组称号，集体荣誉增强了队伍的凝聚力，把团队优势发挥到了最大限度（图 11.1–1）。

图 11.1–1　集体荣誉称号

11.2　内外并举，打造优质精品工程

珠海连接线项目坚持把塑造品牌文化与打造精品工程相统一。一方面，在内部管理中总结好的习惯和做法，坚持并固化下来。例如，项目自筹建以来，坚持每月召集领导班子和部门负责人召开司务会议，厘清工作思路，分析总结得失，明确下一步目标，有节奏地推动各项工作稳步向前；另一方面，在工程建设中把精品意识渗透到质量管理的方方面面。通过技术创新、科学管理，打造了一批值得推广的隧道、桥梁标杆，工程质量在业内名列前茅，创造了属于珠海连接线项目的质量管理品牌。

11.3　目标激励，塑造严明管理形象

在世纪大桥的宏伟蓝图下，明确的建设目标催人奋进。项目的管理层在对目标的认知上始终保持高度统一，无论逆境还是顺境，从未有过丝毫动摇，这种坚定的信念带动和影响着每位员工，也将建设世纪大桥的使命感根植在每个人心中。项目的高难度、高风险时刻鞭策着全体员工必须秉承严谨细致的工作作风。在日常管理中，领导层强烈的责任心和“高标准、严要求”的管理风格，逐渐培育了全体员工勤俭节约的成本意识、严格标准的精品意识、守时高效的敬业意识，形成了项目独有的文化特色，锻造了优良的工作作风，塑造了严明的管理形象。

11.4 精细监管，提倡树立细节意识

珠海连接线项目技术难度业内罕见，政治影响非同小可。如此高难度、高风险且影响甚大的工程项目，建设过程中不允许“工程”和“人”出现任何差池。为此，项目建设初期，管理中心便提出了打造“双廉双优”(工程廉政、干部廉洁、工程优质、干部优秀)工程的目标，并要求全体建设者从细节着手，时刻注重树立服务意识，克服华而不实的工作作风，改变随意粗放的管理方式；尤其在招投标、质量管理、设计变更、计量支付等重点环节，更是要求做到目标细，责任细，措施细。通过精细化监管，项目获益匪浅，整个建设期内未发生一起违法违纪事件，实现了工程建设“零腐败”、工程质量“零缺陷”、工程安全“零死亡”目标。“细节决定成败”的管理理念已深植于每位建设者心底，也成为了企业文化的重要组成部分。

11.5 寓教于乐，营造和谐人文环境

管理中心坚持把凝聚人心作为企业文化建设的着力点，通过联合党工团力量，先后组织开展了“世纪大桥，廉洁同行”系列讲座、红色主题影视教育、竞技球类比赛以及各类主题活动百余次活动，提升了文化活动的开放度和群众参与度，极大地满足了职工的精神文化需求，增强了凝聚力和向心力，使企业文化深入到每位员工的思想、意识中去，强化了员工对企业文化的认同感（图 11.5–1、图 11.5–2）。

图 11.5–1　举办走进经典我爱朗读活动

图 11.5-2　丰富多彩文化活动

附件

参建单位名录

序号	参建单位名称	
1	建设单位	港珠澳大桥珠海连接线管理中心
2	土建工程设计单位	中交第二公路勘察设计研究院有限公司
3	交通工程设计单位	北京交科公路勘察设计研究院有限公司
4	人工岛工程设计单位	中交第四航务工程设计院有限公司
5	房建工程设计单位	广东名都设计有限公司
6	土建第一总监办	重庆中宇工程咨询监理有限公司
7	土建第二总监办	中咨公路工程监理咨询有限公司
8	机电总监办	广东华路交通科技有限公司
9	房建总监办	广东工程建设监理有限公司
10	试验检测中心	广东华路交通科技有限公司
11	第三方监测	西北综合勘察设计研究院
12	土建第一合同段	中铁十八局集团有限公司
13	土建第二合同段	中铁十四局集团有公司和广东冠粤路桥有限公司联合体
14	土建第三合同段	广东省长大公路工程有限公司
15	路面合同段	广东省长大公路工程有限公司
16	机电合同段	广东新粤交通投资有限公司
17	交安合同段	广东新粤交通投资有限公司
18	绿化合同段	中海园林建设有限公司
19	房建合同段	重庆建工第七建筑工程有限责任公司

风采

拱北湾大桥

拱北隧道遮光棚

拱北隧道洞内装饰工程

拱北湾大桥连接匝道

横琴北互通

南湾互通